JN085570

会社別就活ハンドブックシリーズ

2025

東京海上日動火災保険の就活ハンドブック

就職活動研究会 編
JOB HUNTING BOOK

は じ め に

　2021年春の採用から，1953年以来続いてきた，経団連（日本経済団体連合会）の加盟企業を中心にした「就活に関するさまざまな規定事項」の規定が，事実上廃止されました。それまで卒業・修了年度に入る直前の3月以降になり，面接などの選考は6月であったものが，学生と企業の双方が活動を本格化させる時期が大幅にはやまることになりました。この動きは2022年春そして2023年春へと続いております。

　また新型コロナウイルス感染者の増加を受け，新卒採用の活動に対してオンラインによる説明会や選考を導入した企業が急速に増加しました。採用環境が大きく変化したことにより，どのような場面でも対応できる柔軟性，また非接触による仕事の増加により，傾聴力というものが新たに求められるようになりました。

　『会社別就職ハンドブックシリーズ』は，いわゆる「就活生向け人気企業ランキング」を中心に，当社が独自にセレクトした上場している一流・優良企業の就活対策本です。面接で聞かれた質問にはじまり，業界の最新情報，さらには上場企業の株主向け公開情報である有価証券報告書の分析など，企業の多角的な判断・研究材料をふんだんに盛り込みました。加えて，地方の優良といわれている企業もラインナップしています。

　思い込みや憧れだけをもってやみくもに受けるのではなく，必要な情報を収集し，冷静に対象企業を分析し，エントリーシート作成やそれに続く面接試験に臨んでいただければと思います。本書が，その一助となれば幸いです。

　この本を手に取られた方が，志望企業の内定を得て，輝かしい社会人生活のスタートを切っていただけるよう，心より祈念いたします。

就職活動研究会

Contents

第1章 東京海上日動火災保険の会社概況 　　**3**

経営理念 ……………………………………………………… 4

会社データ …………………………………………………… 5

仕事内容 ……………………………………………………… 6

先輩社員の声 ………………………………………………… 9

募集要項 ……………………………………………………… 12

採用の流れ …………………………………………………… 17

2023年の重要ニュース ……………………………………… 18

2022年の重要ニュース ……………………………………… 20

2021年の重要ニュース ……………………………………… 22

就活生情報 …………………………………………………… 24

有価証券報告書の読み方 …………………………………… 34

有価証券報告書 ……………………………………………… 38

第2章 保険業界の"今"を知ろう 　　**119**

保険業界の動向 ……………………………………………… 120

ニュースで見る保険業界 …………………………………… 125

保険業界の口コミ …………………………………………… 134

保険業界　国内企業リスト ………………………………… 140

第3章 就職活動のはじめかた 　　**143**

第4章 SPI対策 　　**199**

第1章

東京海上日動火災保険の
会社概況

会社によって選考方法は千差万別。面接で問われる内容や採用スケジュールもバラバラだ。採用試験ひとつとってみても，その会社の社風が表れていると言っていいだろう。ここでは募集要項や面接内容について過去の事例を収録している。

また，志望する会社を数字の面からも多角的に研究することを心がけたい。

✔ 経営理念

お客様の信頼をあらゆる事業活動の原点におき，

「安心と安全」の提供を通じて，

豊かで快適な社会生活と経済の発展に貢献します。

○ お客様に最大のご満足を頂ける商品・サービスをお届けし，お客様の暮らしと事業の発展に貢献します。

○ 収益性・成長性・健全性において世界トップクラスの事業をグローバルに展開し，東京海上グループの中核企業として株主の負託に応えます。

○ 代理店と心のかよったパートナーとして互いに協力し，研鑽し，相互の発展を図ります。

○ 社員一人ひとりが創造性を発揮できる自由闊達な企業風土を築きます。

○ 良き企業市民として，地球環境保護，人権尊重，コンプライアンス，社会貢献等の社会的責任を果たし，広く地域・社会に貢献します。

✔ 会社データ

創業	1879年(明治12年)8月
資本金	1,019億円
取締役社長	広瀬　伸一
本店所在地	東京都千代田区大手町二丁目6番4号　〒100-8050
本店電話番号	03-3212-6211(大代表)
主要な業務	1.損害保険業 (1)保険引受 当社は,次の各種保険の引き受けを行っています。 火災保険／海上保険／傷害保険／自動車保険／自動車損害賠償責任保険／その他の保険／以上各種保険の再保険 (2)資産の運用 当社は,保険料として収受した金銭その他の資産の運用を行っています。 2.業務の代理・事務の代行 (1)損害保険業に係る業務の代理・事務の代行 当社はイーデザイン損害保険株式会社およびアニコム損害保険株式会社の損害保険業に係る業務の代理および事務の代行を行っています。 (2)生命保険業に係る業務の代理・事務の代行 当社は東京海上日動あんしん生命保険株式会社の生命保険業に係る業務の代理および事務の代行を行っています。 3.確定拠出年金の運営管理業務 当社は確定拠出年金の運営管理業務を行っています。 4.自動車損害賠償保障事業委託業務 当社は,政府の行う自動車損害賠償保障事業のうち,損害のてん補額の支払いの請求の受理,てん補すべき損害額に関する調査,損害のてん補額の支払い等,業務の一部を政府の委託を受けて行っています。
正味収入保険料	2兆3,852億円(2022年度)
総資産	9兆4,271億円
従業員数	16,645人
国内営業網	119営業部・支店、241営業室・課・支社、10事務所
損害サービス拠点	218ヵ所(国内)
代理店数	44,761店(国内)

※業容等については、2023年3月31日現在(「国内営業網」「損害サービス拠点」は、2023年4月1日現在)

✔ 仕事内容

営業部門

営業には、大きく２つのミッションがあります。まずリスクコンサルティング。クライアントのさまざまなリスクを分析し、ニーズを把握して、最適な保険商品を提案していくと共に、事故を未然に防ぐための提案を行います。

もう一つが販売網の拡充・強化。クライアントと直接の接点を持つ代理店ネットワークを強化する役割を担っています。「企業営業」「地域営業」「自動車営業」の３つの仕事があります。

企業営業部門

大企業をクライアントとし、リスクコンサルティングや保険をはじめとする様々なリスクソリューションを提供します。商社、航空・宇宙、エネルギー、インフラなど業界単位でグローバルに展開する大企業を担当し、クライアントの事業戦略パートナーとして企業代理店やブローカーと連携のうえ、コンサルティング営業を行います。

地域営業部門

地域ごとに所在する企業や個人をクライアントとし、代理店を通じてリスクソリューションを提供します。販売ネットワークの構築・強化もパーソナル営業の大きなミッションです。また、国や地方公共団体などと連携し、全国に跨る団体や組合組織に対して、保険ソリューションを含めたビジネスモデルを構築していく公務ビジネスもパーソナル営業部門に含まれます。

自動車営業部門

グローバルに展開する自動車メーカーや、自動車販売を担うカーディーラーなどをクライアントもしくは代理店として、自動車メーカー向け保険プログラムの構築や、自動車ユーザーに保険を提供するビジネスモデルの構築など様々なソリューションを提供します。

損害サービス部門

クライアントの「いざ」に応える、事故を解決に導く役割を担う部門。弁護士、医師、公認会計士、税理士などの社外ブレーンと連携して、付加価値が高いサービスの提供を通じて、事故を迅速、円満な解決に導きます。また豊富な事故データをベースとした事故防止策の提案を行うのも重要なミッションです。対象とする事故の種類により、「自動車損害部門」「火災新種損害部門」「コマーシャル損害部門」の3つの部門に分かれています。

自動車損害部門

自動車事故に遭われたクライアントに対し、保険金の支払や各種サービスの提供を通じて、事故を解決に導きます。単に保険金をお支払いするだけではなく、事故の加害者となったクライアントや、被害者となった相手方の不安や不満を解消し、円満な解決にリードしていくことも求められます。また、輸送業者、運送業者に対しての事故を未然に防ぐロスプリベンションにも取り組みます。

火災新種損害部門

自動車以外の全ての事故を担当し、解決に向けた各種サービスの提供、保険金の支払を担います。事故の種類は火災、自然災害、物流事故から役員賠償、サイバーリスク等、多岐にわたり、弁護士や鑑定人等社内外のプロフェッショナルと連携し、クライアントをあらゆる事故から守り、解決に導きます。

コマーシャル損害部門

主に海外のビッグクレーム（大口事故）に対し弁護士、アジャスターをはじめとするグローバルな専門家ネットワークと連携し、解決に導く役割を担っています。事故の種類は物流、インフラ建設、工場、船舶から PL 訴訟、リコールまで多岐にわたります。クライアントを巨額損害から守ります。

コーポレート部門

会社の運営・企画等を担う中核部門。商品開発、海外部門から経営企画、財務、IT・デジタル部門まで、会社の根幹を成す様々なファンクションを担う組織で構成され、東京海上グループの強固な経営基盤の構築、加速するグローバル経営を支えています。

海外部門

現地法人の経営管理や、当社のグローバル戦略の立案を担います。また、クラ

イアントとなる日系企業の海外進出や現地ローカルビジネスの展開など、世界
各国のクライアントの多様なニーズにも応えています。

商品開発部門

社会・経済の動向や、クライアントのリスクニーズを的確に捉え、保険商品を
含むあらゆるソリューションを開発します。単に商品を開発するのみならず、
その販売戦略から収支状況の調査分析、これに関わるシステム開発までを一気
通貫で担います。

営業戦略部門

マーケット動向を的確に捉えた営業戦略の策定や営業体制・販売体制づくり、
営業部門に対する各種サポートを行います。その業務の範囲は、マーケットご
との基本戦略の策定から、さまざまなエキスパティーズを備えた人材の育成や、
情報インフラの整備といった基盤づくり、更には販売促進ツールの作成など多
岐にわたります。

財務部門

損害保険会社の資産は保険金の支払の原資となるため、「安全性」や「流動性」
に十分留意することはもちろん、営業部門と並ぶプロフィットセンターとして、
高い「収益性」を追求しています。国内外の株式や債券、貸付、不動産といっ
た伝統的な投融資に加え、グローバルな調査分析力やネットワークを活かして
先端的な投資も行っています。

IT・デジタル部門

クライアント・代理店・社員が活用するシステムを、より利便性高いものとす
るべく IT の最新動向の研究や、企画・開発を行います。また、最先端のイノベー
ション、テクノロジー、ビジネスモデルの調査・研究を通し、新たなビジネス
モデルやサービスを創造します。

✔ 先輩社員の声

クライアントの安心・安全のために、いつも全力。

【営業部門（機械メーカー担当）／ 2021 年入社】
クライアントのリスクをしっかり見つめ、
保険の更新や見直し、新たな保険を提案。

私の部署では、企業に対して、企業の抱える課題やリスクに応じた保険・サービスを提案しています。私は入社1年目ですが、現在は主担当として3社、加えて先輩の補佐という形で2社を担当しております。既存のクライアントの契約更新にあたって、先方のリスクに応じた補償内容拡充のご案内や、サイバーリスク保険など時流に合わせた新しい保険のご提案を行っています。ニーズに合った提案を行うためには、事前にクライアントのビジネスや抱えている課題をしっかり把握して仮説を立てることが大切です。

そのうえで、何度も先方との打ち合わせを重ねることで、仮説をブラッシュアップし、真にクライアントのお役に立てるような提案を目指しています。配属されて最もうれしかったのは、初めて新たなご契約をいただけた時です。スピード感をもって誠実に対応したのが奏功したのだと思います。私の所属する部署では、成約するとまず第一報をメールで共有するのですが、チームの先輩方や他部署の先輩からも「おめでとうメール」が一斉に届いたとき、とても嬉しかったのを覚えています。

OB 訪問やインターンで感じた「人」の良さ。
常に相手の目線に立つ姿勢に共感。

大学は商学部でマーケティングや統計学の勉強を行なっており、ゼミは貨幣論がテーマでした。世の中の動きを捉える上で、貨幣は重要な役割を果たしています。しかし、単にお金の流れを追う考え方は、私にはすこし冷たく、無機質なものに感じられました。就職活動で知った、損害保険というフィールドでは、金融機関でありながら、人と人との信頼関係を土台としたやりとりであることや、サービスの中心に「安心・安全」への思いが存在している点に、興味をもちました。学生時代に体育会野球部のマネージャーをやっていて、プレーヤーを下支えする存在だったことも損害保険に親しみを感じた一因だったと思います。決め手となったポイントは、OB 訪問やインターンで感じた「人」でした。先輩方が常に就活生だった私の目線に立った親身なアドバイスや実体験をお話ししてくださったのが大変印象的で、業務を通じて普段からクライアント目線で考えていることから、相手の目線に立つことが当たり前になっているように感じました。私も、そんな社員の方々に憧れ、東京海上日動への入社を決めました。

数々の難事案に挑み、
手に入れた成長と喜び。

【損害サービス部門／ 2020 年入社】
モラルリスクを抱えた数々の難事案を担当。先輩の励ましを胸にチャレンジの日々。
私の所属する部署は、自動車保険に関わる事故対応を行なっています。事故発生時の
車両、対人・対物補償の支払いや相手方との合意形成がメインの業務となります。そ
の中で、私は補償の範囲が複雑な案件や合意形成が困難な、いわゆる難事案を担当し
ています。例えば、事故の状況からはあり得ない箇所に傷が付いている。つまり、事
故報告に虚偽の可能性があるなど、モラルリスクを抱えている案件です。こうした場
合、修理工場や事故の専門家を巻き込んで、車体の傷の整合性を検証しなければなり
ません。契約者にお会いして説明したり、事故相手の保険会社と交渉したり、弁護士
との連携が必要になるケースもあり、多様な方々との折衝が必要となります。入社直
後は交渉がうまくいかず、悩んだ時期もありましたが、先輩や仲間たちのサポートの
おかげで様々な壁を乗り越えてきました。
初めて直面した壁は、今でも忘れることができません。その難事案は事故相手の車が
海外からの輸入車で、市場にはない特殊車両でした。しかも、大きな事故で車は全損。
通常は市場価格の平均をもとに補償額を算出するのですが、時価額が出せない。その
間、代車で提供したレンタカーのコストは膨らむばかり。配属からまだ日が浅く、業
務にも慣れていない頃だったこともあり、随分と悩みました。そんな時、先輩から「解
決しない事案はない。何かあったら自分がどうにかするから」と、励ましていただき
ました。その言葉を聞いた途端、安心感が全身に広がったのを覚えています。これを
機に失敗を恐れずに思い切ってチャレンジする習慣が身に付きました。

様々な専門家と連携して難事案を解決。豊富な経験と周囲のサポートで成長を実感。
先にご紹介した事例だけでなく、損害保険の難事案は自分で描いたシナリオ通りにい
かないことも多く、失敗してしまったことは何度もあります。しかし、その都度先輩た
ちが軌道修正してくれて、解決までこぎつけることができました。同時に失敗例は積極
的に課内で共有。どうすべきであったかを自ら振り返ると共に、周囲も自分事として捉
える機会とすることで、チーム全体のレベルアップにつなげています。また、失敗して
も必ずフォローしてくれるという安心感が、自らチャレンジする雰囲気を醸成し、仲間
全員の成長を加速させているのです。
こうした環境で経験を重ねることで、総合的な問題解決力が身についたと感じています。
例えば事故相手の保険会社との交渉。配属当初は、一方的に主張されるままになること
もありましたが、論理立てて反論できるようになりました。様々な戦略や相手との利害
関係を照らし合わせながら、一部を容認する代わりに重要事項を認めてもらうなどの交
渉術も長けてきました。入社 2 年目で難事案をコントロールして、弁護士とも対等にや
り取りする。多様な人と関わる中で、自ら方針を打ち出し的確な指示を繰り出す日々。
私がここまで成長できたのも、たくさんの壁に直面する中で周囲のサポートを受けなが
ら乗り越えてきた経験と、その積み重ねによって培ってきた自信が土台となっています。
新しい壁が立ちふさがるとワクワクする。今はそんなマインドになっています。

"中小企業応援プロジェクト"
全国のエリアコース社員と共に地域の中小企業を支える

【経営戦略部門（営業戦略）／ 2014 年入社】
地域企業のお役に立ちたい この想いから、新たなプロジェクトを立ち上げる。

2021 年度に新設された営業開発部・中小企業支援室は、日本経済を支える中小企業に対して経営課題の解決に繋がる補償・サービスをお届けし地域経済の活性化に貢献する、そのための戦略立案や全国の営業社員への支援を担っています。お客様への各種支援やご提案は、パートナーである代理店と当社営業社員が行っており、社員の中心は各エリアで採用された"エリアコース社員"となっています。

エリアコース社員は地域企業や住民の皆さまのお役に立つことへの熱い想い、地元愛を持っている一方、「保険商品の説明には自信はあるが、企業経営のお困りごとに寄り添ったご提案が出来ているのか不安」「1 人の人間として信頼され、頼られる存在になることができているのか ...」という悩みを抱えていることが多く、私自身、千葉支店勤務のエリアコース社員として入社当時は同様の悩みを抱えていました。

全国各地のエリアコース社員が自信を持ってお客様のもとへ足を運べるようになれば、地元企業のお役に立つことができるはず。そのような背景から、2021 年に"中小企業応援プロジェクト"が立ち上がり、プロジェクトリーダーとして、全面的に企画・運営を任せていただけることになりました。

プロジェクトを活性化するための様々な取組みを実行。
トライ＆エラーを重ねることで自己成長に。

今回のような"企業経営者の想いやビジョンの傾聴を起点にした価値提供"に注視したプロジェクトは当社として初めての試みでしたので、試行錯誤を重ねながら様々な取組みをアジャイルに展開しています。

例えば、参加メンバーと同じ部店の先輩社員が"サポーター"となり、日頃のお悩み相談や同行支援などを現場で行うサポート体制を整備しました。近しい存在であるサポーターが一歩踏み出すための後押しをすることでボトルネックが解消され、お客様への訪問回数や対話の質が大幅に向上しました。

また、全国各地のメンバー同士が繋がれるよう社内 SNS コミュニティを立ち上げ、成功体験や悩みを気軽に共有し、仲間として励まし合い、アドバイスし合える環境を整えました。その他にも、メンバーの所属先の上司や社員に挑戦している様子を共有することで、サポーター以外からもメンバーが励まされる環境をつくり、更なるモチベーションの向上にも努めています。

これらの各種取組みと、全国各地のエリアコース社員 100 名とサポーター 60 名の想いと挑戦が組み合わさることで、全国レベルでの一体感のあるプロジェクトとなり、中小企業支援が動き出しています。

運営にあたって意識したことは、徹底的にメンバーやサポーターの声を聞き、メンバーの取組状況に応じた短期間でのきめ細やかな PDCA サイクルをまわし、都度プロジェクトに反映させることです。具体的には、毎月の研鑽会でのメンバー同士の対話の場を追加したり、当初のプログラムにはなかった個別のお悩み相談会も実施しました。

総合職

応募資格	・2024年3月末までに短期大学、4年制大学卒業見込みの方または大学院修士課程(*)修了見込みの方(国籍不問) ※既卒の方もご応募いただけます
配属部門	入社後の配属は、配属前の新入社員研修を通じ、本人の希望・適性を踏まえ決定いたします。その後は、役割チャレンジ制度やJOBリクエスト制度などを通じ、本人の希望・適性に応じて、海外勤務を含んだジョブローテーションを行います。
主な仕事内容	国内・海外営業(損害保険の引受など)、損害サービス(損害の調査・保険金の支払)、商品開発、営業支援、資産運用、情報システム、一般管理、海外事業など
大学時代の 専攻イメージ	文系・理系問わず
給与	4年制大学卒・短期大学卒/月給24万8,670円 大学院修士課程卒/月給26万7,140円 ※上記月給にはMyチャレンジ・インセンティブ2万円を含みます。
勤務時間	9:00～17:00
休日休暇	完全週休2日制(土・日)、祝日、年末年始、年次有給休暇(初年度13日、次年度以降20日)、5日間特別連続休暇(年2回取得)、育児休業制度、介護休業制度、その他リフレッシュ休暇など各種特別休暇あり
社会保険	雇用保険,健康保険,厚生年金保険,労災保険
福利厚生	寮・社宅/全国各地 厚生施設/保養所、テニスコート、グラウンドほか各種運動施設 その他/従業員持株会制度、企業年金基金ほか

(*) 大学院修士課程については法科大学院を含みます。

総合職 ワイド型／エリア

応募資格	・2024年3月までに短期大学、4年制大学を卒業見込みまたは大学院修士課程（*1）修了見込みの方（国籍不問） ※既卒の方もご応募いただけます。
主な仕事内容	国内・海外営業（損害保険の引受など）、損害サービス（損害の調査・保険金の支払）、商品開発、営業支援、資産運用、情報システム、一般管理、海外事業など
勤務地	【ワイド型】本拠地（*2）が属するエリア内の各事業所となり、エリア内で転居を伴う転勤の可能性があります。なお、本拠地から通勤可能な（転居を伴わない）事業所に配属となる場合もあります。 （*2）本拠地は応募地域内の通勤可能かつ入居可能な住居の住所とします。入社時に前述の住所がない場合、応募地域内の代表事業所の住所とします。なお、本拠地は転居の有無を判断するための基準となります。 【エリア】全国各地で募集を行います。 勤務地は、募集地区管下の各事業所、または現在お住まいの場所から通勤が可能な近県の各事業所となります。（本人の同意なしに住居の移転を伴う転勤はありません。）
給与	【ワイド型】 Ａ．本拠地から転居を伴う事業所に配属となる場合 4年制大学卒・短期大学卒／月給22万8,290円 大学院修士課程卒／月給24万520円 ※上記月給にはMyチャレンジ・インセンティブ2万円を含みます。 ※転居を伴う転勤による経済的負担を軽減するため、別途、社宅貸与、転勤諸費、帰省手当が支給されます。 Ｂ．本拠地から転居を伴わない事業所に配属となる場合 4年制大学卒・短期大学卒／月給21万3,140円 大学院修士課程卒／月給22万4,480円 ※上記月給にはMyチャレンジ・インセンティブ2万円を含みます。 【エリア】 4年制大学卒・短期大学卒／月給20万9,350円 大学院修士課程卒／月給22万470円 ※上記月給にはMyチャレンジ・インセンティブ2万円を含みます。
勤務時間	9:00～17:00
休日休暇	完全週休2日制（土・日）、祝日、年末年始、年次有給休暇（初年度13日、次年度以降20日）、5日間特別連続休暇（年2回取得）、育児休業制度、介護休業制度、その他リフレッシュ休暇など各種特別休暇あり
社会保険	雇用保険，健康保険，厚生年金保険，労災保険
福利厚生	厚生施設／保養所、テニスコート、グラウンドほか各種運動施設　その他／従業員持株会制度、企業年金基金ほか

SPEC 総合職

アクチュアリー・金融工学

応募資格

・2024年3月までに4年制大学卒業見込みの方、大学院修士課程(*)または博士課程修了見込みの方で、保険数理業務の基礎となる能力または金融工学の専門性を有する方（国籍不問）　※既卒の方もご応募いただけます

配属部門

入社1年目の配属は、学生時代の専攻を活かせる以下の部門（含むグループ会社）となります。その後は、役割チャレンジ制度やJOBリクエスト制度などを通じ、本人の希望・適性に応じて、海外勤務を含んだジョブローテーションを行います。　・商品開発部門　・リスク管理部門　・資産運用部門　・収益管理部門／経営管理部門

主な仕事内容

以下を中心とした職務（海外を含む）
(1) 保険数理・金融工学を活用した保険・金融商品の開発・評価・分析
(2) 保険数理・金融工学を活用した経営管理業務、リスク管理業務、リスクモデル開発・計測業務など
(3) 上記に関わる調査・企画業務など

大学時代の専攻イメージ

確率統計、数値解析、金融工学、数理科学、その他の理工学系分野

給与

4年制大学卒・短期大学卒／月給24万8,670円　大学院修士課程卒／月給26万7,140円
※上記月給にはMyチャレンジ・インセンティブ2万円を含みます。

資産運用

応募資格

・2024年3月までに4年制大学卒業見込みの方または大学院修士課程(*)修了見込みの方（国籍不問）
※既卒の方もご応募いただけます

配属部門

入社1年目の配属は、資産運用部門もしくはリスク管理部門（含むグループ資産運用関連会社）となります。その後は、役割チャレンジ制度やJOBリクエスト制度などを通じ、本人の希望・適性に応じて、海外勤務を含んだジョブローテーションを行います。

主な仕事内容

以下を中心とした職務（海外を含む）
(1) 法律・経済・クウォンツ分析などを活用した資産運用業務（企業分析、ポートフォリオ管理、投融資実務、リスク管理など）
(2) 東京海上グループ全体のグローバル運用統括業務　(3) 上記に関わる調査・企画業務など

大学時代の専攻イメージ

文系・理系問わず

給与

4年制大学卒・短期大学卒／月給24万8,670円　大学院修士課程卒／月給26万7,140円
※上記月給にはMyチャレンジ・インセンティブ2万円を含みます。

IT戦略

応募資格

・2024年3月までに4年制大学卒業見込みの方または大学院修士課程(*)修了見込みの方（国籍不問）
※既卒の方もご応募いただけます

配属部門

入社1年目の配属は、IT部門（含むグループIT関連会社）となります。その後は、役割チャレンジ制度やJOBリクエスト制度などを通じ、本人の希望・適性に応じて、海外勤務を含んだジョブローテーションを行います。

主な仕事内容

以下を中心とした職務
(1)ITを活用した新しいビジネスプロセスの構築　(2)経営戦略を支えるIT戦略の立案、推進
(3)システム開発プロジェクトの推進　(4)海外グループ企業と連携したグローバルIT戦略の立案、推進
(5)最新テクノロジーの調査、研究

大学時代の専攻イメージ

文系・理系問わず

給与

4年制大学卒・短期大学卒／月給24万8,670円　大学院修士課程卒／月給26万7,140円
※上記月給にはMyチャレンジ・インセンティブ2万円を含みます。

イノベーション

応募資格

・2024年3月までに4年制大学卒業見込みの方または大学院修士課程(*)修了見込みで、下記いずれかの経験を有
　する方（国籍不問）
・起業など、0から新たな事業や組織を立ち上げ、一定の成果を成し遂げた経験がある方
・ビジネスコンテストや新規事業立案型インターンシップ（期間問わず）など、新規ビジネスを企画・考案した経験
　がある方
・長期インターンシップなど、6ヶ月以上ビジネスの環境に身を置き、実務を担い高い成果をあげた経験がある方
※既卒の方もご応募いただけます

配属部門

入社1年目の配属は、事業戦略部門、デジタル戦略推進部門、マーケティング部門（含むグループ会社）となります。
その後は、役割チャレンジ制度やJOBリクエスト制度などを通じ、本人の希望・適性に応じて、海外勤務を含んだ
ジョブローテーションを行います。

主な仕事内容

以下を中心とした職務
(1)当社の経営理念に基づいた新規事業開発　(2)部門を横断したお客様目線での新サービスの企画および推進
(3)最先端のイノベーション、テクノロジー、ビジネスモデルの調査および研究

大学時代の専攻イメージ

文系・理系問わず

給与

4年制大学卒・短期大学卒／月給24万8,670円　大学院修士課程卒／月給26万7,140円
※上記月給にはMyチャレンジ・インセンティブ2万円を含みます。

Global Business

応募資格

・2024年3月までに4年制大学卒業見込みの方または大学院修士課程(*)修了見込みの方で、下記条件をいずれも
　満たす方（国籍不問）
・語学力：日本語・英語ともにビジネスレベル以上（目安）（英語はTOEIC900点以上のスコア取得が可能なレベル）
・日本国外における滞在経験：1年以上（目安）（連続1年以上である必要はありません）
※既卒の方もご応募いただけます

配属部門

入社1年目の配属は、東京都内を勤務地とするグローバルビジネスに関わる部門（法人営業、商品開発・アンダーラ
イティング、リスク管理、ファイナンス等）となります。その後は、役割チャレンジ制度やJOBリクエスト制度な
どを通じ、本人の希望・適性に応じて、海外勤務を含んだジョブローテーションを行います。

主な仕事内容

以下を中心とした職務
(1)法人営業（日本国内外で事業展開するグローバル企業の損害保険の引受等）
(2)商品開発・アンダーライティング（保険商品の開発・引受、リスク分析・評価・プライシング等）
(3)リスク管理、ファイナンス等の経営管理に係わる業務（ERM、財務、会計、経理等）

大学時代の専攻イメージ

文系・理系問わず

給与

4年制大学卒・短期大学卒／月給24万8,670円　大学院修士課程卒／月給26万7,140円
※上記月給にはMyチャレンジ・インセンティブ2万円を含みます。

勤務時間

9:00～17:00

休日休暇

完全週休2日制（土・日）、祝日、年末年始、年次有給休暇（初年度13日、次年度以降20日）、5日間特別連続休暇（年2回取得）、育児休業制度、介護休業制度、その他リフレッシュ休暇など各種特別休暇あり

社会保険

雇用保険，健康保険，厚生年金保険，労災保険

福利厚生

寮・社宅／全国各地　厚生施設／保養所、テニスコート、グラウンドほか各種運動施設
その他／従業員持株会制度、企業年金基金ほか

エントリーの時期	【総】3〜4月
採用プロセス	【総】ES・Webテスト・適性検査→面接（3〜4回）・作文→内々定

採用実績数

	大卒男	大卒女	修士男	修士女
2022年	153 （文：136 理：17）	329 （文：316 理：13）	19 （文：3 理：16）	5 （文：2 理：3）
2023年	147 （文：135 理：12）	334 （文：324 理：10）	13 （文：2 理：11）	7 （文：1 理：6）
2024年	224 （文：216 理：8）	461 （文：454 理：7）	20 （文：4 理：16）	11 （文：5 理：6）

採用実績校

【文系】早稲田大学，慶應義塾大学，関西学院大学，南山大学，明治大学，立命館大学，中央大学，立教大学，上智大学，京都大学，青山学院大学，西南学院大学，関西大学，大阪大学，小樽商科大学，愛知大学，一橋大学，法政大学，東京大学，静岡大学，学習院大学，中京大学，名古屋大学，神戸大学，岡山大学　他（理系含む）
【理系】※文系に含む

✔2023年の重要ニュース (出典:日本経済新聞)

■東京海上日動、ドローンの事業リスク評価　権利侵害など（1/23）

　東京海上日動火災保険はドローンの事業リスクを評価する仕組みを作る。権利侵害や騒音など120項目のリストから、ドローンを使った事業を始める前にリスクを確認できるようにする。2022年末の法改正でドローンの目視外飛行が解禁された。関連サービスを手掛ける事業者が増えると想定し、将来的にリスクコンサルティングなどにつなげる。

　東京海上日動が三菱総合研究所などと企業のドローン活用に関する指針を作成し、近く公表する。その成果を基に「騒音」や「第三者の権利侵害」など実際の運用を意識した120程度の項目を作り、ツールにする。2023年内には企業が利用できるようにする。

　昨年12月に改正航空法が施行され、有人地帯で目視せずに機体を飛ばせる「レベル4」の飛行が解禁された。住宅地など人の密集地域の上空を飛行でき、ドローン配送や災害救助など企業の活用が進むことが期待される。

　一方で、事業を展開する上ではドローンの事故や権利侵害で損害賠償請求の訴訟に発展したりする可能性がある。今回開発する評価ツールは企業内の担当者の権限や責任を明確にしているか、有事の際に対応手順を作っているかといった項目でリスクを管理する。

　ドローンの運用については国が規制やガイドラインを設けているが、安全性の確保に主眼が置かれている。東京海上日動が開発するツールでは実際のサービス運用も評価する。将来的にはグループ会社が企業の運用内容を評価してリスク低減の助言をするコンサルサービス開発にもつなげる考えだ。

■東京海上、太陽光の初期投資を補償　発電事業者向け保険（4/11）

　東京海上日動火災保険は4月にも、発電事業者が顧客の敷地内に発電設備を設けて売電する事業向けに、新たな保険の販売を始める。顧客が倒産すると売電収入を得られなくなるため、発電事業者に設置費用など初期投資分を補償する。投資回収ができなくなるリスクを軽減し、太陽光発電の普及を後押しする。

　顧客の工場や店舗などの屋根に、発電事業者が太陽光パネルを無償で設置する仕組みを「オンサイトPPA（電力購入契約）」と呼ぶ。発電した電力を販売して投資回収する。顧客にとっては一般的に電気を安価に調達できるとあって企業向けを中心に広がっている。

　ただ、投資回収までに15年ほどかかることが多い。顧客と15〜20年の相

対契約を結んで売電するのが一般的なため、顧客の倒産によって投資回収できないリスクがある。

　東京海上日動は初期投資の補償に加え、発電設備が故障などで停止した際に、代替調達する再生可能エネルギー由来の電力コストを補償する保険も販売する。

　初期投資を補償する保険と、代替電力の調達コストを補償する保険を合わせた費用は、30社の顧客と契約している発電事業者の場合、年間約300万円を想定する。年間20社以上の契約を目指す。

■東京海上、無人バス運行支援に参入　遠隔監視や事故対応（6/13）

　東京海上日動火災保険は自動で走る無人バスの運行支援に参入する。車載カメラの映像などを通じて運行状況を遠隔で監視し、事故時の対応まで担う。事故時の対応ノウハウなどを蓄積し、自動車保険の契約主体が所有者からシステムの開発企業や車メーカーに移る自動運転時代のサービスづくりに生かす。

　4月から特定の条件下で運転を完全に自動化する「レベル4」の公道走行が解禁された。レベル4では通常走行から、緊急時に車を停止させる機能まで原則システムが担う。過疎化が進む地方では鉄道の廃線をはじめ交通インフラが細っている。従来のバスやタクシーに代わる手段として無人バスの活用が見込まれている。

　国土交通省によると2018年度時点で約7割の路線バス事業者が赤字だった。政府は25年度までに全国50カ所でレベル4の地域交通サービスを導入する目標を掲げている。福井県永平寺町では5月21日、全国初となるレベル4による運行サービスが始まった。茨城県境町は23年度内にレベル4の自動運転バスの運行を目指す。

　レベル4で移動サービスを始める際、運行確認や事故に対応できるよう、遠隔監視要員の配置が義務づけられている。無人バスでは信号無視の自動車との衝突事故やシステムの不具合でドアが開かなくなるといったトラブルが想定される。東京海上は運行事業者に代わって遠隔監視の役割を担う。

　保険会社向けに事故時の緊急通報などのサービスを手掛けるプレミア・エイド（東京・千代田）と連携する。遠隔監視中に事故が起きた際、まず監視拠点の担当者が警察や消防に連絡。その後プレミア・エイドの社員らが現場に駆けつけて乗客の誘導などを担う。24時間の顧客対応など東京海上が本業で培ったノウハウを生かす。

　遠隔監視の拠点を東京・神田に設ける。365日24時間、監視業務と緊急対応ができる体制を整える。自動運転システムへのアクセス権限を得て、車内外の映像や位置情報、故障の有無など車体の状況を示すデータなどをもとに運行状況を監視する。

✔2022年の重要ニュース (出典：日本経済新聞)

■東京海上、デジタル営業人材育成に注力　保険代理店支援（1/13）

　東京海上日動火災保険は営業職の社員向けにデジタルマーケティング教育を5月から始める。マーケティングに精通した人材を育て、ネット上での集客に不慣れな保険代理店を支援する。保険のメリットを解説する動画などを無償提供するほか、アクセス状況の解析サービス導入につなげる。

　教育プログラムは全10回のオンライン講義で、初年度の対象は営業職の社員200～300人を予定。マーケティングに関する基礎的な内容から、ウェブサイト解析の「グーグルアナリティクス」を活用したデータ収集法までカバーする。社内のマーケティング専門人材や外部のマーケティング会社の社員などが講師に就く。

　保険代理店ではチラシをポストに投函(とうかん)するなどの営業方法が主流だ。東京海上は育成したデジタル営業人材を活用し、代理店にウェブサイトなどオンライン営業の導入をサポートする。保険のメリットを説明する数分間の動画なども自社で作製し、営業社員を通じて代理店のウェブサイト向けに提供する。営業部でアクセス解析して集客ノウハウを蓄積し、施策を提案していくという。

■東京海上、新興と防災・減災サービスを開発（3/25）

　東京海上日動火災保険は新興企業と組み、防災・減災につながるサービスを開発する。大雨などによる浸水被害をコンピューター上でシミュレーションできるシステムを使って、自治体向けに防災・避難計画の策定や地域住民への啓発活動を支援する。

　東京海上日動は応用地質やTengun-label（テングンレーベル、東京・渋谷）と共同で浸水被害を可視化するシステムを開発した。コンピューター上に3次元（3D）の都市を構築し、過去の自然災害時のデータをもとに浸水被害などを再現する。

■三井住友海上と東京海上、月面探査向けに損害保険（4/20）

　三井住友海上火災保険と東京海上日動火災保険の損害保険大手2社は、月の調査などで発生した損害を補償する保険を開発する。月に探査車を送りこむための着陸機の故障などを補償する。まず2022年中にも月面探査事業に参加する企業に提供する。民間企業の月面ビジネスへの参入を後押しする。

月面探査は地球から打ち上げたロケットから宇宙空間で着陸機を切り離し、月への着陸後に探査車を分離させる。着陸機が月の軌道に入れなかったり、着陸時の衝撃で破損したりするリスクがある。探査車も輸送中の振動や、月面の細かい砂を吸い込んで故障するリスクもある。

東京海上は月面探査車向けの保険を組成した。探査車が月面で稼働しているかどうかを確認するために、月面から写真を撮影して地球に送信してもらう。画像が届かない場合、探査車が稼働していないとみなして開発企業に保険金を支払う。

損害保険ジャパンを含めた国内損保はこれまで人工衛星向けなどの保険を手がけており、月面探査事業向けは珍しい。人口減などで主力の自動車保険や火災保険の市場が縮小しており、宇宙向け保険を新たな収益源に育てたい考えだ。

■東京海上、Amazon で保険販売　デジタル販路で若者開拓（8/12）

東京海上日動火災保険は 22 日から、アマゾンジャパン（東京・目黒）のネット通販サイトで保険を販売する。地震保険から始め、傷害保険などに広げる。アマゾンのアカウントで保険に加入し、保険料の支払いから保険金の受け取りまで一括で提供するのは大手保険では国内初という。巨大なアマゾンのデジタル販路を生かし若年層を取り込む。対面営業が主流だった保険販売は転換点を迎える。

保険販売はこれまで対面営業や自社のネットが主流だった。しかし、業界全体で自動車保険はネット経由の販売シェアが 1 割程度（保険料ベース）にとどまるなど、デジタルの販路を活用しきれていない。利用者が多いアマゾンのサイト経由で販売すれば、保険になじみの薄い若年層の取り込みにもつながる。

利用者はアマゾンのサイト上にある広告から、保険加入用の専用サイトにアクセスする。アマゾンのアカウントの認証に同意したうえで補償内容など必要な情報を入力し、保険料をアマゾンペイで払うことで、契約手続きできる。API（アプリケーション・プログラミング・インターフェース）と呼ぶデータ連携の仕組みを使うため、氏名や住所、メールアドレス、電話番号の再入力は不要となる。

まず地震保険を販売する。あらかじめ決めた震度の地震が起きたとき、最短 3日で自動的に定額の保険金を支払う。保険金支払いの査定が簡単なため、アマゾンでも販売しやすいと判断した。保険金は現金のほか、アマゾンギフト券で受け取ることもできる。

今回の仕組みでは、実際に顧客が契約するのは東京海上のサイトになるため、アマゾンは保険の販売代理店には当たらない。東京海上はアマゾンのサイト経由でけがを補償する傷害保険などの取り扱いも検討する。

✔2021年の重要ニュース (出典:日本経済新聞)

■ AIが生損保を一括提案　東京海上、必要な補償見極め（1/27）

　東京海上日動火災保険は生命保険と損害保険の枠を超えて必要な補償を提案できる人工知能（AI）を導入する。家族構成や資産情報などから、保険の種類にとらわれずにおすすめの補償を提案する。代理店のサービス品質を底上げし、必要なサービスを過不足なく提案することで顧客満足度を高める。

　同社では2002年から生損保が一体となったオーダーメード型の保険を取り扱い200万世帯の契約がある。一体型の保険を取り扱う1万1000店の代理店で、21年6月の契約更新からAIを活用する。顧客に必要な補償を追加し5年で50億円の増収効果を見込む。

　システムはAI開発のPKSHA Technology（パークシャテクノロジー）と共同で開発した。年齢や職業、家計の資産情報、保険への考え方などを分析して提案につなげる。契約者情報やアンケート結果を活用する。不足している情報はAIが推定したり、平均的なデータで補ったりする。

　生命保険は医療、がん、死亡など5種類、損害保険は自動車や火災、傷害、介護保険、就業不能など9種類から選ぶ。AIがおすすめ度がもっとも高いものをベースに、同じ属性の人が5割以上加入している商品などをあわせた1〜5種類の追加補償を提示する。

　代理店では契約更新の2〜3カ月前から社員同士で打ち合わせをして提案プランを決めることが多い。生損保を幅広く取り扱うためこれまで提案作成には1件当たり40分ほど時間がかかっていた。AIで提案の作成を数分に縮め、相談にあてる時間を増やす。募集人の経験の違いによる提案のばらつきを防ぎ、サービスの水準を底上げする。

■ 東京海上、全国商工会と連携協定　小規模承継に保険提供（6/30）

　東京海上日動火災保険は7月1日、小規模M&A（合併・買収）の推進で全国商工会連合会と包括連携協定を結ぶ。全国商工会に所属する約80万の中小企業や小規模事業者に対し、買収後に発生した損害を補償する保険を提供する。新型コロナウイルス禍による経営悪化で事業譲渡の増加が見込まれるなか、関連する保険需要の受け皿を狙う。

東京海上は日本M&Aセンター傘下のバトンズ（東京・千代田）と提携し、買収先のデューデリジェンス（資産査定）とセットで、買収後に発覚する簿外債務や未払い賃金などを補償する保険商品を提供している。東京海上とバトンズが保険契約を結び、買い主企業が被保険者となる仕組みだ。

■東京海上、社員1万7000人で「市民開発」（9/30）

東京海上日動火災保険はデジタル化推進に「市民開発」と呼ばれる考え方を取り入れる。2022年1月から、プログラミング不要でソフトを開発できるノーコードの手法で現場の担当者が必要な業務用アプリを開発できるようにする。事務作業などちょっとした業務の効率化のほか、社員のデジタル化意識の向上につなげる狙いだ。

22年1月から1万7000人の社員全員が米マイクロソフトの業務自動化ソフト「Power Automate（パワーオートメート）」を使えるようにする。同ソフトはチャットアプリ「Teams（チームズ）」と連携し、定型業務の自動化アプリを手軽に作成できる。事務作業などに関するアプリを必要な人が開発し全社に共有できるようにする。

1月から、IT（情報技術）企画部の社員で試験利用し、これまでに事務連絡や依頼業務の自動化アプリなどを20種類作成したという。上司あての書類をファイルに入れると自動でその上司に通知を送るアプリや、全国の支店などへの業務の依頼を一括でチームズから管理できるようにするアプリなどだ。これまではメールや書類を送る同じような作業を全国で繰り返していたが「定型的なものについてはアプリで自動化し、1日5分の業務時間短縮につなげたい」（東京海上）という。

こうしたノーコードで現場の担当者などがソフトを開発する手法は市民開発と呼ばれる。従来は現場の要望をIT部門に伝え必要に応じて開発会社に依頼するといった工程が必要だったが、現場で手軽に開発し継続して改善できることで注目されている。マイクロソフトなどIT大手のほか国内外のスタートアップでサービス開発が広がっている。

東京海上によると同社のような規模で社員に市民開発の環境を整えるのは国内企業では珍しいという。

✔ 就活生情報

積極的に合説や大学主催のセミナーなど受けておくと，選択の幅が広がります。

エリア総合職 2022卒

エントリーシート

・形式：採用ホームページから記入　内容：ガクチカ／頑張ったこと３つ

セミナー

・選考とは無関係　服装：リクルートスーツ　内容：業務紹介→座談会

筆記試験

・形式：マークシート／記述式　科目：数学，算数／論作文
・内容：簡単な四則演算，現代の社会情勢に関するテーマについて賛成か反対か

面接（個人・集団）

・雰囲気：和やか　回数：３回
・質問内容：１次…アルバイトのことやガクチカメイン。かなり深堀される
　２次…幼少期面接。挫折経験やその乗り越え方／親友の定義／親友と呼べる人は何人いるか，など自分の過去のことについて話すことメイン
　３次…逆質問面接。自分が面接官となり質問。その後はOBOG訪問の有無とその内容／１次，２次面接と似たような質問／他社選考状況
　４次…なぜ損保か／なぜマリンなのか／入社して何がしたいのか，など。その後は他社選考状況／入社意思（ほかの選考はすべて辞退するか）／両親は賛成してくれているかなど。その場で内々定。内定承諾書にサイン

内定

・拘束や指示：懇親会の案内などをされた。他の企業の内々定や選考は辞退

● その他受験者からのアドバイス

・本当は４次面接まであるが，うまくいくと３次面接でその場で４次も合わせて行われてその場で内定が出る
・面接では深堀されるので，限界まで"なぜ？，どうして？"を考え言語化しておくこと。この際一貫しているかの確認も忘れない

自己分析をしっかりと行い，早くから行動することで結果につながると思います

ワイドエリア 2021卒

エントリーシート
・形式：採用ホームページから記入
・内容：学生時代に力を入れたこと

セミナー
・選考とは無関係
・服装：リクルートスーツ
・内容：大学限定セミナー，女性セミナー

筆記試験
・形式：Webテスト
・科目：英語/数学，算数/国語，漢字
・内容：ヒューマネージと言われていたが，コロナ禍のためWebテストとなった

面接（個人・集団）
・雰囲気：和やか
・回数：1回
・質問内容：他社の選考状況，当社が第一希望か否か，どういう流れで就職活動を行っているか，学生時代に力を入れたこと

内定
・拘束や指示：内々定後に他社の選考を辞退するように言われた

▶ その他受験者からのアドバイス
・夏のインターンシップの選考段階から面接のフィードバックがあった
・企業側から社員面談を設定してもらえた

面接では自分の経験ベースで語ることで，高い評価が得られます

ワイドエリア 2021卒

エントリーシート
・形式：採用ホームページから記入
・内容：学生時代に力を入れたこと(3つ)

セミナー
・選考とは無関係
・服装：リクルートスーツ
・内容：コロナ禍のためWeb形式で実施，会社紹介，各部門の現役社員の講話・質疑応答

筆記試験
・形式：Webテスト
・科目：数学，算数/国語，漢字
・内容：おそらくネガティブチェック

面接（個人・集団）
・雰囲気：圧迫
・回数：4回
・質問内容：学生時代に力を入れたことを深掘り（エントリーシートに記載していない内容も用意するとよい）すべて個人面談

内定
・通知方法：面接の場で通知された

面接の対策は，そこまで細かく行わなくても大丈夫だと思いますが，何を聞かれても冷静に対処できるようには準備しましょう

エリアコース 2020卒

エントリーシート

・形式：採用ホームページから記入
・内容：学生時代に力を入れたことを3つ，その中から最も力を入れたこと，具体的なイメージが出来るように説明

セミナー

・選考とは無関係
・服装：リクルートスーツ
・内容：社員の方との座談会

筆記試験

・形式：記述式　科目：英語／数学，算数／国語，漢字／論作文
・論文は「日本の国際競争力を高めるために、大学在学時の半年以上の留学を義務化すべきだ」という意見に対して，あなたの考え（賛成・反対の理由）を具体的な事例を混ぜながら述べよ。というもの

面接（個人・集団）

・質問内容：学生時代に力を入れたこと，長所短所，苦手だと思う人はどんな人か，親友の定義，今までの人生での挫折経験，自分に一番影響を与えたと思う出来事は何か，小学校から大学までそれぞれ点数をつけるとしたら何点かなど

内定

・拘束や指示：他の企業を辞退するように簡単な書類を記入させられる
・通知方法：最終面接

● その他受験者からのアドバイス

・第一志望と言い切らなければ内定はもらえない
・OB訪問はできるならした方がいい。それによって働いてる姿をイメージできるようになると4次の時に言われた。また自分史を作り自己分析を徹底することも大切

この会社の本選考において志望度はとても大事なので，志望度が高いことは気を抜かずに伝えましょう

グローバルコース 2020卒

エントリーシート

・内容：学生時代に最も力を入れて取り組んだことを役割・人数等具体的なイメージができるように，その取り組みの中で気付いたことを自由に，現在興味をもっている業種（除く損害保険）を2つ

セミナー

・選考とは無関係　服装：リクルートスーツ
・内容：最初の30分間で業界説明および企業紹介。損害保険業界の使命や東京海上のリーディングカンパニーとしての使命の説明などが行われる。そのあとは、同じ大学の社員（15人ほど）と座談会のタームになる。

筆記試験

・形式：マークシート／作文　科目：数学，算数／論作文
・内容：5月にある試験は筆記で数学のみ。spiと比べるとかなり難しく感じた。また最終面接と同日に作文もあった。働き方改革で，長時間労働を規制することに反対か賛成かを問うものでA4一枚に25分で記述した

面接（個人・集団）

・質問内容：逆質問のみだった。逆質問4つの後に，何故その質問をしたのかを聞かれた。あとは，本当に第一志望かどうかの確認。他の会社の内定をしっかり取り消すのか，嘘ではないかを何度も何度も確認された

内定

・拘束や指示：他の企業の内定を辞退することを強要された
・通知方法：最終面接

● その他受験者からのアドバイス

・インターン参加者の優遇は絶大なので，とにかくインターンに参加すること
・面接においても志望動機より，自己分析の内容を聞かれることが多い。幼稚園からさかのぼって，自分の頑張ってきたことなどを整理していく必要がある。他己分析も行うこと

幼少期から現在までの自己分析，そして他己分析が
かなり重要かと思います

エリアコース 2019卒

エントリーシート

・形式：採用ホームページから記入
・内容：学生時代に頑張ったこと3つ，その中から1つ詳しく

セミナー

・選考とは無関係
・服装：リクルートスーツ
・内容：社員の方との座談会

筆記試験

・形式：マークシート／作文
・科目：数学，算数／国語，漢字／その他
・内容：会社独自のテストだがSPIやっていれば問題ない

面接（個人・集団）

・質問内容：一次面接は，学生時代力を入れて取り組んだこと（意見のぶつかり
　合い，困難なこと等，かなり深掘り），損害保険会社の志望理由
・二次面接は，，幼少期から現在までの深掘り，人からどのような性格だと言わ
　れるかは，・親友の数，憧れの人はいるか　等

内定

・拘束や指示：内定承諾書を最終面接の時に書く

▶ その他受験者からのアドバイス

・学生時代頑張ったことについては，自ら問題を発見し，解決策を考え，周
　囲を巻き込みながら達成したエピソードがあると良い。後は堂々と，笑顔で，
　自信たっぷりに話すことが重要です

面接では，とにかく笑顔でハキハキ話し，面接官に
この人と働きたいと，思わせられるかが重要です

エリア総合職 2018卒

エントリーシート

・形式：ナビサイト（リクナビなど）から記入
・内容：学生時代力を入れたこと，のみ

セミナー

・選考とは無関係
・服装：リクルートスーツ
・内容：女性専用のセミナーで，いくつかブースがあり，好きなところで話を聞くという形でした

筆記試験

・形式：マークシート
・科目：数学，算数／国語，漢字／性格テスト／その他

面接（個人・集団）

・雰囲気：和やか
・回数：3回
・質問内容：学生時代に頑張ってきたこと，長所，短所，研究内容（事業との関連），入社してやりたいこと

内定

・拘束や指示：最終面接で，第一志望で，ここが受かれば他の就活をやめます，という旨を伝えると，その場で内々定。その場で誓約書を書き，全ての選考を辞退したら電話
・タイミング：予定より早かった

● その他受験者からのアドバイス

・よかった点は，選考結果の通知がはやい
・よくなかった点は，拘束が厳しい

実際に足を運ぶことが何より大切です。ネットから得られる情報は，実際に聞いたことには勝てません

エリア総合職 2018卒

エントリーシート

- 形式：採用ホームページから記入
- 内容：学生時代に力を入れたこと3点，そのうちの1つを400字で詳しく

セミナー

- 選考とは無関係
- 服装：リクルートスーツ
- 内容：大きなホールで興味がある職種の社員さんを回る形式

筆記試験

- 科目：数学，算数／国語，漢字。内容は，独自の問題

面接（個人・集団）

- 回数：4回
- 質問内容：学生時代に力を入れたこと，幼少期から現在まで，通った高校，大学を選んだ理由，学生時代は何点か，人生のタームポイントはいつか，親友は何人いるか，なぜ親友といえるのか

内定

- 拘束や指示：他の企業を断ること
- タイミング：予定より遅かった

▶ その他受験者からのアドバイス

- よかった点は，人事の方は本当に自分のことを知ろうとしてくれていると感じました
- よくなかった点は，面接の案内が即日と1週間空いた時がありました

損保は他社比較を入念にし，社風や印象に残ったセミナーのエピソードを志望動機に入れましょう

エリア総合職 2018卒

エントリーシート

・形式：採用ホームページから記入
・内容：ガクチカ３つ，そのうち一つ最も力を入れたことについて，具体的に

セミナー

・選考とは無関係
・服装：リクルートスーツ
・内容：業界説明，会社説明，座談会，会社見学

筆記試験

・形式：マークシート
・科目：数学，算数／国語，漢字
・内容：中学生レベルの国語と算数。全て解ききれないくらい問題が多いので分かるところだけ飛ばして解いた方が確実

面接（個人・集団）

・雰囲気：和やか
・質問内容：小中高大で親友は何人いたか，あなたが思う親友の定義，友人にどんな性格の人が多いか，苦手な人はどんな性格か，友人から見た自分の強みと弱み，失敗経験，自分で工夫して取り組んだことなど

内定

・拘束や指示：そこで就活を終わらせることが，内定の条件

● その他受験者からのアドバイス

・圧迫面接に近いものは１回もなく，終始穏やかだった
・面接後の連絡は即日の時もあるが，私の場合４日あいた時もあった。連絡が来ないからといって，落ちたと思わない方がいい
・面接でもESでも志望動機は聞かれないが，熱意を伝えるために，選考状況や業界志望理由のところで自分から志望動機に近いことを話した

インターンにはできれば行ってください。他社のとの比較検討の材料になると思います

エリア総合職 2017卒

エントリーシート

・形式：採用ホームページから記入
・内容：大学時代に力を入れて取り組んだことを3つ，上記の3つのうち最も力を入れて取り組んだこと，活動期間，役割，人数等具体的なイメージができるように内容の説明

セミナー

・選考とは無関係
・服装：リクルートスーツ
・内容：座談会による質疑応答

筆記試験

・形式：マークシート／作文
・内容：マークシートで，国語・数学・保険の約款読み取りのようなもの。作文は選考が進んだ段階で行う。あるテーマに沿って賛成か反対かを決めて自由に書くもの

面接（個人・集団）

・雰囲気：和やか
・回数：3回
・質問内容：親友は何人いるか，それは小中高大どの段階の人か，なぜ親友と言えるのか，その親友から言われる長所と短所を3つずつなど

内定

・通知方法：最終面接で内定報告
・タイミング：予定より早い

● その他受験者からのアドバイス

・面接が丁寧。エントリーシートの分量が極端に少ない
・選考を通過した人にしかお知らせが来ない

✔ 有価証券報告書の読み方

01 部分的に読み解くことからスタートしよう

「有価証券報告書（以下，有報）」という名前を聞いたことがある人も少なくはないだろう。しかし，実際に中身を見たことがある人は決して多くはないのではないだろうか。有報とは上場企業が年に１度作成する，企業内容に関する開示資料のことをいう。開示項目には決算情報や事業内容について，従業員の状況等について記載されており，誰でも自由に見ることができる。

一般的に有報は，証券会社や銀行の職員，または投資家などがこれを読み込み，その後の戦略を立てるのに活用しているイメージだろう。その認識は間違いではないが，だからといって就活に役に立たないというわけではない。就活を有利に進める上で，お得な情報がふんだんに含まれているのだ。ではどの部分が役に立つのか，実際に解説していく。

■有価証券報告書の開示内容

では実際に，有報の開示内容を見てみよう。

有価証券報告書の開示内容

第一部【企業情報】
　第1　【企業の概況】
　第2　【事業の状況】
　第3　【設備の状況】
　第4　【提出会社の状況】
　第5　【経理の状況】
　第6　【提出会社の株式事務の概要】
　第7　【提出会社の状参考情報】
第二部【提出会社の保証会社等の情報】
　第1　【保証会社情報】
　第2　【保証会社以外の会社の情報】
　第3　【指数等の情報】

有報は記載項目が統一されているため，どの会社に関しても同じ内容で書かれている。このうち就活において必要な情報が記載されているのは，第一部の第1【企業の概況】～第5【経理の状況】まで，それ以降は無視してしまってかまわない。

企業の概況の注目ポイント

第1【企業の概況】には役立つ情報が満載。そんな中，最初に注目したいのは，冒頭に記載されている【主要な経営指標等の推移】の表だ。

回次		第25期	第26期	第27期	第28期	第29期
決算年月		平成24年3月	平成25年3月	平成26年3月	平成27年3月	平成28年3月
営業収益	(百万円)	2,532,173	2,671,822	2,702,916	2,756,165	2,867,199
経常利益	(百万円)	272,182	317,487	332,518	361,977	428,902
親会社株主に帰属する当期純利益	(百万円)	108,737	175,384	199,939	180,397	245,309
包括利益	(百万円)	109,304	197,739	214,632	229,292	217,419
純資産額	(百万円)	1,890,633	2,048,192	2,199,357	2,304,976	2,462,537
総資産額	(百万円)	7,060,409	7,223,204	7,428,303	7,605,690	7,789,762
1株当たり純資産額	(円)	4,738.51	5,135.76	5,529.40	5,818.19	6,232.40
1株当たり当期純利益	(円)	274.89	443.70	506.77	458.95	625.82
潜在株式調整後1株当たり当期純利益	(円)	—	—	—	—	—
自己資本比率	(%)	26.5	28.1	29.4	30.1	31.4
自己資本利益率	(%)	5.9	9.0	9.5	8.1	10.4
株価収益率	(倍)	19.0	17.4	15.0	21.0	15.5
営業活動によるキャッシュ・フロー	(百万円)	558,650	588,529	562,763	622,762	673,109
投資活動によるキャッシュ・フロー	(百万円)	△370,684	△465,951	△474,697	△476,844	△499,575
財務活動によるキャッシュ・フロー	(百万円)	△152,428	△101,151	△91,367	△86,636	△110,265
現金及び現金同等物の期末残高	(百万円)	167,525	189,262	186,057	245,170	307,809
従業員数 [ほか，臨時従業員数]	(人)	71,729 [27,746]	73,017 [27,312]	73,551 [27,736]	73,329 [27,313]	73,053 [26,147]

見慣れない単語が続くが，そう難しく考える必要はない。特に注意してほしいのが，**営業収益**，**経常利益**の二つ。営業収益とはいわゆる**総売上額**のことであり，これが企業の本業を指す。その営業収益から営業費用（営業費（販売費＋一般管理費）＋売上原価）を差し引いたものが**営業利益**となる。会社の業種はなんであれ，モノを顧客に販売した合計値が営業収益であり，その営業収益から人件費や家賃，広告宣伝費などを差し引いたものが営業利益と覚えておこう。対して経常利益は営業利益から本業以外の損益を差し引いたもの。いわゆる金利による収益や不動産収入などがこれにあたり，本業以外でその会社がどの程度の力をもっているかをはかる絶好の指標となる。

■会社のアウトラインを知れる情報が続く。

　この主要な経営指標の推移の表につづいて，「会社の沿革」，「事業の内容」，「関係会社の状況」「従業員の状況」などが記載されている。自分が試験を受ける企業のことを，より深く知っておくにこしたことはない。会社がどのように発展してきたのか，主としている事業はどのようなものがあるのか，従業員数や平均年齢はどれくらいなのか，志望動機などを作成する際に役立ててほしい。

03 事業の状況の注目ポイント

　第2となる【事業の状況】において，最重要となるのは**業績等の概要**といえる。ここでは1年間における収益の増減の理由が文章で記載されている。「○○という商品が好調に推移したため，売上高は△△になりました」といった情報が，比較的易しい文章で書かれている。もちろん，損失が出た場合に関しても包み隠さず記載してあるので，その会社の1年間の動向を知るための格好の資料となる。

　また，業績については各事業ごとに細かく別れて記載してある。例えば鉄道会社ならば，①運輸業，②駅スペース活用事業，③ショッピング・オフィス事業，④その他といった具合だ。**どのサービス・商品がどの程度の売上を出したのか**，会社の持つ展望として，今後**どの事業をより活性化**していくつもりなのか，などを意識しながら読み進めるとよいだろう。

■「対処すべき課題」と「事業等のリスク」

　業績等の概要と同様に重要となるのが，「**対処すべき課題**」と「**事業等のリスク**」の2項目といえる。ここで読み解きたいのは，その会社の**今後の伸びしろ**について。いま，会社はどのような状況にあって，どのような課題を抱えているのか。また，その課題に対して取られている対策の具体的な内容などから経営方針などを読み解くことができる。リスクに関しては法改正や安全面，他の企業の参入状況など，会社にとって決してプラスとは言えない情報もつつみ隠さず記載してある。客観的にその会社を再評価する意味でも，ぜひ目を通していただきたい。

　次代を担う就活生にとって，ここの情報はアピールポイントとして組み立てやすい。「新事業の○○の発展に際して……」，「御社が抱える●●というリスクに対して……」などという発言を面接時にできれば，面接官の心証も変わってくるはずだ。

最後に注目したいのが，第5【経理の状況】だ。ここでは，簡単にいえば【主要な経営指標等の推移】の表をより細分化した表が多く記載されている。ここの情報をすべて理解するのは，簿記の知識がないと難しい。しかし，そういった知識があまりなくても，読み解ける情報は数多くある。例えば**損益計算書**などがそれに当たる。

連結損益計算書

(単位：百万円)

	前連結会計年度 (自 平成26年4月1日 至 平成27年3月31日)	当連結会計年度 (自 平成27年4月1日 至 平成28年3月31日)
営業収益	2,756,165	2,867,199
営業費		
運輸業等営業費及び売上原価	1,806,181	1,841,025
販売費及び一般管理費	※1 522,462	※1 538,352
営業費合計	2,328,643	2,379,378
営業利益	427,521	487,821
営業外収益		
受取利息	152	214
受取配当金	3,602	3,703
物品売却益	1,438	998
受取保険金及び配当金	8,203	10,067
持分法による投資利益	3,134	2,565
雑収入	4,326	4,067
営業外収益合計	20,858	21,616
営業外費用		
支払利息	81,961	76,332
物品売却損	350	294
雑支出	4,090	3,908
営業外費用合計	86,403	80,535
経常利益	361,977	428,902
特別利益		
固定資産売却益	※4 1,211	※4 838
工事負担金等受入額	※5 59,205	※5 24,487
投資有価証券売却益	1,269	4,473
その他	5,016	6,921
特別利益合計	66,703	36,721
特別損失		
固定資産売却損	※6 2,088	※6 1,102
固定資産除却損	※7 3,957	※7 5,105
工事負担金等圧縮額	※8 54,253	※8 18,346
減損損失	※9 12,738	※9 12,297
耐震補強重点対策関連費用	8,906	10,288
災害損失引当金繰入額	1,306	25,085
その他	30,128	8,537
特別損失合計	113,379	80,763
税金等調整前当期純利益	315,300	384,860
法人税、住民税及び事業税	107,540	128,972
法人税等調整額	26,202	9,326
法人税等合計	133,742	138,298
当期純利益	181,558	246,561
非支配株主に帰属する当期純利益	1,160	1,251
親会社株主に帰属する当期純利益	180,397	245,309

　主要な経営指標等の推移で記載されていた**経常利益**の算出する上で必要な営業外収益などについて，詳細に記載されているので，一度目を通しておこう。
　いよいよ次ページからは実際の有報が記載されている。ここで得た情報をもとに有報を確実に読み解き，就職活動を有利に進めよう。

✔ 有価証券報告書

※抜粋

企業の概況

1 主要な経営指標等の推移

（1） 連結経営指標等

回次		第17期	第18期	第19期	第20期	第21期
決算年月		2019年3月	2020年3月	2021年3月	2022年3月	2023年3月
経常収益	（百万円）	5,476,720	5,465,432	5,461,195	5,863,770	6,648,600
正味収入保険料	（百万円）	3,587,400	3,598,396	3,606,548	3,887,821	4,469,989
経常利益	（百万円）	416,330	363,945	266,735	567,413	503,907
親会社株主に帰属する当期純利益	（百万円）	274,579	259,763	161,801	420,484	376,447
包括利益	（百万円）	42,871	2,737	465,071	590,780	△116,412
純資産額	（百万円）	3,603,741	3,426,675	3,722,780	4,072,625	3,657,849
総資産額	（百万円）	22,531,402	25,253,966	25,765,368	27,245,852	27,699,816
1株当たり純資産額	（円）	1,686.22	1,610.68	1,761.70	1,977.35	1,823.65
1株当たり当期純利益	（円）	127.67	123.24	77.37	204.48	187.33
潜在株式調整後1株当たり当期純利益	（円）	127.56	123.15	77.32	204.42	187.33
自己資本比率	（％）	15.86	13.35	14.22	14.76	13.11
自己資本利益率	（％）	7.44	7.48	4.60	10.94	9.84
株価収益率	（倍）	14.00	13.39	22.68	11.62	13.60
営業活動によるキャッシュ・フロー	（百万円）	945,437	997,623	1,177,873	1,102,240	1,007,582
投資活動によるキャッシュ・フロー	（百万円）	△566,757	△2,546,411	△731,010	△665,444	18,193
財務活動によるキャッシュ・フロー	（百万円）	△379,067	1,543,105	△512,967	△504,629	△1,009,226
現金及び現金同等物の期末残高	（百万円）	1,023,342	1,021,167	924,687	912,216	985,382
従業員数	（人）	40,848	41,101	43,257	43,048	43,217

（注）1. 当社は，2022年10月1日付で普通株式1株につき3株の割合で株式分割を行っています。第17期の期首に当該株式分割が行われたと仮定して，1株当たり純資産額，1株当たり当期純利益および潜在株式調整後1株当たり当期純利益を算定しています。

2. 従業員数は，就業人員数です。

---

point 主要な経営指標等の推移

数年分の経営指標の推移がコンパクトにまとめられている。見るべき箇所は連結の売上，利益，株主資本比率の3つ。売上と利益は順調に右肩上がりに伸びているか，逆に利益で赤字が続いていたりしないかをチェックする。株主資本比率が高いとリーマンショックなど景気が悪化したときなどでも経営が傾かないという安心感がある。

(2) 提出会社の経営指標等 ··

回次		第17期	第18期	第19期	第20期	第21期
決算年月		2019年3月	2020年3月	2021年3月	2022年3月	2023年3月
営業収益	(百万円)	299,837	207,867	189,917	307,028	291,561
経常利益	(百万円)	281,967	185,693	169,547	282,956	263,335
当期純利益	(百万円)	278,374	185,892	169,204	282,568	262,695
資本金	(百万円)	150,000	150,000	150,000	150,000	150,000
発行済株式総数	(千株)	710,000	702,000	697,500	680,000	2,002,500
純資産額	(百万円)	2,403,369	2,384,250	2,367,748	2,403,346	2,362,886
総資産額	(百万円)	2,409,066	2,389,910	2,373,229	2,412,950	2,374,365
1株当たり純資産額	(円)	1,132.67	1,137.60	1,137.29	1,181.94	1,186.70
1株当たり配当額 (うち1株当たり中間配当額)	(円)	250.00 (160.00)	225.00 (130.00)	235.00 (135.00)	265.00 (120.00)	※ 200.00 (150.00)
1株当たり当期純利益	(円)	129.43	88.19	80.91	137.41	130.72
潜在株式調整後1株当たり 当期純利益	(円)	129.32	88.12	80.86	137.37	130.72
自己資本比率	(%)	99.66	99.66	99.67	99.60	99.52
自己資本利益率	(%)	11.60	7.77	7.13	11.85	11.02
株価収益率	(倍)	13.81	18.71	21.69	17.29	19.48
配当性向	(%)	64.38	85.04	96.81	61.86	76.50
従業員数	(人)	706	752	811	877	971
株主総利回り (比較指標:TOPIX(配当込))	(%) (%)	118 (95)	114 (86)	127 (122)	178 (125)	199 (132)
最高株価	(円)	5,737.00	6,317.00	5,746.00	7,565.00	3,000.00 (8,362.00)
最低株価	(円)	4,689.00	4,167.00	4,368.00	4,907.00	2,503.00 (6,500.00)

(注) 1. 当社は,2022年10月1日付で普通株式1株につき3株の割合で株式分割を行っています。第17期の期首に当該株式分割が行われたと仮定して,1株当たり純資産額,1株当たり当期純利益および潜在株式調整後1株当たり当期純利益を算定しています。

※ 第21期の1株当たり配当額200.00円は,当該株式分割前の1株当たり中間配当額150.00円と,当該株式分割後の1株当たり期末配当額50.00円を単純合算した金額としています。なお,当該株式分割を考慮しない場合の1株当たり配当額(うち1株当たり中間配当額)は下記のとおりです。

回次		第17期	第18期	第19期	第20期	第21期
決算年月		2019年3月	2020年3月	2021年3月	2022年3月	2023年3月
1株当たり配当額 (うち1株当たり 中間配当額)	(円)	250.00 (160.00)	225.00 (130.00)	235.00 (135.00)	255.00 (120.00)	300.00 (150.00)

2. 第17期の1株当たり配当額のうち,70.00円は資本水準調整のための一時的な配当です。
3. 第18期の1株当たり配当額のうち,35.00円は資本水準調整のための一時的な配当です。
4. 第19期の1株当たり配当額のうち,35.00円は資本水準調整のための一時的な配当です。
5. 従業員数は,就業人員数です。
6. 株主総利回りは,配当を当社株式に再投資して得られる損益を含めて算定しています。

7. 最高株価および最低株価は，2022年4月3日以前は東京証券取引所市場第一部，同年4月4日以降は同取引所プライム市場においてのものです。第21期については株式分割後の株価を記載しており，括弧内の記載は株式分割前の株価です。

2　沿革

2001年9月	・東京海上火災保険株式会社および日動火災海上保険株式会社が，株式移転により完全親会社を設立することに関し，共同株式移転契約を締結した。
2001年12月	・東京海上火災保険株式会社および日動火災海上保険株式会社の臨時株主総会において当社設立が承認された。
2002年4月	・当社を設立した。 ・東京証券取引所および大阪証券取引所各市場第一部に上場した（2013年7月に大阪証券取引所市場第一部は東京証券取引所市場第一部に統合）。米国ナスダックにADRを上場した。
2003年10月	・当社の子会社である東京海上あんしん生命保険株式会社（存続会社）および日動生命保険株式会社が合併し，東京海上日動あんしん生命保険株式会社に商号変更した。
2004年2月	・当社の子会社である東京海上火災保険株式会社を通じてスカンディア生命保険株式会社の発行済全株式を取得した。同年4月に東京海上日動フィナンシャル生命保険株式会社に商号変更した。
2004年10月	・当社の子会社である東京海上火災保険株式会社（存続会社）および日動火災海上保険株式会社が合併し，東京海上日動火災保険株式会社に商号変更した。
2006年4月	・当社の子会社である東京海上日動火災保険株式会社から，会社分割により同社の日新火災海上保険株式会社管理営業を承継した。同年9月に，株式交換により日新火災海上保険株式会社を当社の完全子会社とした。
2007年7月	・米国ナスダックにおけるADRの上場を自主的に廃止し，同国店頭市場に移行させた。
2008年7月	・株式会社ミレアホールディングスから東京海上ホールディングス株式会社に商号変更した。
2014年10月	・当社の子会社である東京海上日動あんしん生命保険株式会社（存続会社）および東京海上日動フィナンシャル生命保険株式会社が合併した。
2022年4月	・東京証券取引所の市場区分の見直しを受け，同取引所の市場第一部からプライム市場に移行した。

(point) 沿革

どのように創業したかという経緯から現在までの会社の歴史を年表で知ることができる。過去に行った重要なM＆Aなどがいつ行われたのか，ブランド名はいつから使われているのか，いつ頃から海外進出を始めたのか，など確認することができて便利だ。

当社グループは，当社，子会社268社および関連会社26社により構成されており，国内損害保険事業，国内生命保険事業，海外保険事業および金融・その他事業を営んでいます。

また，当社は特定上場会社等です。特定上場会社等に該当することにより，インサイダー取引規制の重要事実の軽微基準については連結ベースの数値に基づいて判断することとなります。

2023年3月31日現在の事業の系統図は以下のとおりです。

国内損害保険事業
◎東京海上日動火災保険株式会社
◎日新火災海上保険株式会社
◎イーデザイン損害保険株式会社
◎東京海上ミレア少額短期保険株式会社

国内生命保険事業
◎東京海上日動あんしん生命保険株式会社

海外保険事業
◎Tokio Marine North America, Inc.
◎Philadelphia Consolidated Holding Corp.
◎Delphi Financial Group, Inc.
◎HCC Insurance Holdings, Inc.
◎Privilege Underwriters, Inc.
◎Tokio Marine Kiln Group Limited
◎Tokio Marine Asia Pte. Ltd.
◎Tokio Marine Life Insurance Singapore Ltd.
◎Tokio Marine Seguradora S.A.
△IFFCO-TOKIO General Insurance Company Limited

金融・その他事業
◎東京海上アセットマネジメント株式会社

◎……連結子会社
△……持分法適用関連会社

（左縦書き）東京海上ホールディングス株式会社（保険持株会社）

(point) **事業の内容**

会社の事業がどのようにセグメント分けされているか，そして各セグメントではどのようなビジネスを行っているかなどの説明がある。また最後に事業の系統図が載せてあり，本社，取引先，国内外子会社の製品・サービスや部品の流れが分かる。ただセグメントが多いコングロマリットをすぐに理解するのは簡単ではない。

2023年3月31日現在

名称	住所	資本金 (百万円)	主要な事業の内容	議決権の 所有割合 (%)	関係内容
（連結子会社） 東京海上日動火災保険株式会社	東京都千代田区	101,994	国内損害保険事業	100.0	経営管理契約 役員の兼任等
日新火災海上保険株式会社	東京都千代田区	20,389	国内損害保険事業	100.0	経営管理契約 役員の兼任等
イーデザイン損害保険株式会社	東京都新宿区	29,303	国内損害保険事業	95.2	経営管理契約 役員の兼任等
東京海上日動あんしん生命保険株式会社	東京都千代田区	55,000	国内生命保険事業	100.0	経営管理契約 役員の兼任等
東京海上ミレア少額短期保険株式会社	横浜市西区	895	国内損害保険事業	100.0	経営管理契約 役員の兼任等
東京海上アセットマネジメント株式会社	東京都千代田区	2,000	金融・その他事業	100.0	経営管理契約 役員の兼任等
Tokio Marine North America, Inc.	米国・デラウェア州・ウィルミントン	0 千米ドル	海外保険事業	100.0 (100.0)	役員の兼任等
Philadelphia Consolidated Holding Corp.	米国・ペンシルバニア州・バラキンウィッド	1 千米ドル	海外保険事業	100.0 (100.0)	役員の兼任等
Delphi Financial Group, Inc.	米国・デラウェア州・ウィルミントン	1 千米ドル	海外保険事業	100.0 (100.0)	役員の兼任等
HCC Insurance Holdings, Inc.	米国・デラウェア州・ウィルミントン	1 千米ドル	海外保険事業	100.0 (100.0)	役員の兼任等
Privilege Underwriters, Inc.	米国・デラウェア州・ウィルミントン	0 千米ドル	海外保険事業	100.0 (100.0)	役員の兼任等
Tokio Marine Kiln Group Limited	英国・ロンドン	1,010 千英ポンド	海外保険事業	100.0 (100.0)	役員の兼任等
Tokio Marine Asia Pte. Ltd.	シンガポール・シンガポール	1,250,971 千シンガポールドル 542,000 千タイバーツ 5,000,000 千南アフリカランド	海外保険事業	100.0 (100.0)	役員の兼任等
Tokio Marine Life Insurance Singapore Ltd.	シンガポール・シンガポール	369,624 千シンガポールドル	海外保険事業	90.4 (90.4)	役員の兼任等
Tokio Marine Seguradora S.A.	ブラジル・サンパウロ	2,373,779 千ブラジルレアル	海外保険事業	98.5 (98.5)	経営管理契約 役員の兼任等
その他157社					
（持分法適用関連会社） IFFCO-TOKIO General Insurance Company Limited	インド・ニューデリー	2,878,185 千インドルピー	海外保険事業	49.0 (49.0)	役員の兼任等
その他7社					

(point) 関係会社の状況

主に子会社のリストであり，事業内容や親会社との関係についての説明がされている。特に製造業の場合などは子会社の数が多く，すべてを把握することは難しいが，重要な役割を担っている子会社も多くある。有報の他の項目では一度も触れられていない場合が多いので，気になる会社については個別に調べておくことが望ましい。

（注）1. 主要な事業の内容には，セグメント情報に記載された名称を記載しています。

2. 上記関係会社のうち，東京海上日動火災保険株式会社，日新火災海上保険株式会社，イーデザイン損害保険株式会社，東京海上日動あんしん生命保険株式会社，Tokio Marine Asia Pte. Ltd.，Tokio Marine LifeInsurance Singapore Ltd. および Tokio Marine Seguradora S.A. は，特定子会社に該当します。また，連結子会社のその他157社に含まれる会社のうち特定子会社に該当する会社は，Tokio Marine HCC Insurance Holdings (International) Limited，HCC International Insurance Company PLC および Tokio Marine Safety Insurance (Thailand) Public Company Limited です。

3. 上記関係会社のうち，有価証券報告書を提出している会社は，東京海上日動火災保険株式会社です。

4. 議決権の所有割合の（　）内は，間接所有割合で内数です。

5. 東京海上日動火災保険株式会社の経常収益（連結会社相互間の内部経常収益を除く）の連結経常収益に占める割合が10％を超えていますが，当該連結子会社は有価証券報告書を提出しているため，主要な損益情報等の記載を省略しています。

6. 東京海上日動あんしん生命保険株式会社の経常収益（連結会社相互間の内部経常収益を除く）の連結経常収益に占める割合が10％を超えていますが，当該連結子会社はセグメント情報の国内生命保険事業セグメントの経常収益（セグメント間の内部経常収益を含む）に占める割合が90％を超えているため，主要な損益情報等の記載を省略しています。

5　従業員の状況

(1)　連結会社の状況

2023年3月31日現在

セグメントの名称	従業員数 （人）
国内損害保険事業	20,141
国内生命保険事業	2,229
海外保険事業	18,394
金融・その他事業	2,453
合計	43,217

（注）従業員数は、就業人員数です。

(2)　提出会社の状況

2023年3月31日現在

従業員数 （人）	平均年齢 （歳）	平均勤続年数 （年）	平均年間給与 （円）
971	43.2	17.5	14,307,134

（注）1. 従業員数は、就業人員数です。

2. 当社従業員はその大部分が子会社からの出向者であり，平均勤続年数は，出向者の各子会社における勤続年数を通算しています。

3. 平均年間給与には，賞与および基準外賃金が含まれています。

セグメントの名称	従業員数 （人）
国内損害保険事業	865
海外保険事業	98
金融・その他事業	8
合計	971

（注）従業員数は、就業人員数です。

(3) 労働組合の状況 ……………………………………………………………

東京海上ホールディングス労働組合　　　144名

---

point 従業員の状況

主力セグメントや，これまで会社を支えてきたセグメントの人数が多い傾向があるのは当然のことだろう。上場している大企業であれば平均年齢は40歳前後だ。また労働組合の状況にページが割かれている場合がある。その情報を載せている背景として，労働組合の力が強く，人数を削減しにくい企業体質だということを意味している。

1 経営方針，経営環境及び対処すべき課題等

（1） 経営方針 ………………………………………………………

① 経営理念

当社は，東京海上グループの全役職員が共有する経営理念を策定しており，その内容は次のとおりです。

＜東京海上グループ経営理念＞

東京海上グループは，お客様の信頼をあらゆる活動の原点におき，企業価値を永続的に高めていきます。

○お客様に最高品質の商品・サービスを提供し，安心と安全をひろげます。

○株主の負託に応え，収益性・成長性・健全性を備えた事業をグローバルに展開します。

○社員一人ひとりが創造性を発揮できる自由闊達な企業風土を築きます。

○良き企業市民として公正な経営を貫き，広く社会の発展に貢献します。

② 東京海上グループ中期経営計画2023〜成長への変革と挑戦〜

2021年度からスタートした3か年計画「東京海上グループ中期経営計画2023〜成長への変革と挑戦〜」では，「世界のお客様に"あんしん"をお届けし，成長し続けるグローバル保険グループ〜100年後もGood Companyをめざして〜」という長期ビジョンに向けて実現する姿として「ステークホルダーとのWin-Win」，「グローカル×シナジー」，「成長と安定的な高収益の実現」を定め，「経営を支える基盤」をベースに「2＋1の成長戦略」に取り組んでいます。

(point) **業績等の概要**

この項目では今期の売上や営業利益などの業績がどうだったのか，収益が伸びたあるいは減少した理由は何か，そして伸ばすためにどんなことを行ったかということがセグメントごとに分かる。現在，会社がどのようなビジネスを行っているのか最も分かりやすい箇所だと言える。

長期ビジョン	世界のお客様に"あんしん"をお届けし、成長し続けるグローバル保険グループ ~100年後もGood Companyをめざして~

長期ビジョンに向けて実現する姿

ステークホルダーとの「Win-Win」	「グローカル」×「シナジー」	成長と安定的な高収益の実現（中長期ターゲットとして、修正純利益5,000億円超・修正ROE12%程度）

2+1の成長戦略

新しいマーケット×新しいアプローチ ● 急激に変化するお客様のニーズに的確に対応し、マーケットに合わせた商品・サービス戦略、チャネル戦略を展開していく	保険本業の収益力強化 ● 自然災害の激甚化、低金利といった課題認識の一方で、料率のハード化やデジタル活用フェーズ等の機会も活かし保険本業の収益力向上に取り組む

+

次の成長ステージに向けた事業投資

	テクノロジー ~ミッションドリブン~	経営を支える基盤	ERM ~リスクカルチャー~	
人材		グループ一体経営		企業文化
専門性人材の育成 グローバル人材・経営人材の育成 ダイバーシティ＆インクルージョン		ベストプラクティスの共有 シナジーを発揮する体制 グローバル経営態勢の構築		To Be a Good Company 社会/お客様課題の解決 "しなやか"で"たくましい"

③ **目標とする経営指標等**

　東京海上グループは，グループ全体の業績を示す経営指標として，企業価値を的確に把握しその拡大に努める観点から，修正純利益と修正ROEを掲げており，2021年度からスタートした「東京海上グループ中期経営計画2023～成長への変革と挑戦～」では，「修正純利益の年平均成長率3～7％」（2020年度補正ベース（自然災害の影響を平年並みとし，新型コロナウイルスおよび為替変動の影響を控除したもの）の実績を基準とした数値），「修正ROE12％程度」を達成することをめざしています。

　2022年度の修正純利益および修正ROEは，当事業年度の第3四半期報告書提出日時点においては，それぞれ4,000億円，9.7％を見込んでいましたが，その実績はそれぞれ4,440億円，11.1％となりました。

　2023年度の修正純利益および修正ROEは，国内での自然災害および国内外の新型コロナウイルスの感染拡大に伴う発生保険金等の2022年度の一過性の減益要素の反動に加え，政策株式の売却益の増加および海外保険事業での増益を主因とし，本有価証券報告書提出日現在においては，それぞれ6,700億円，17.1％を見込んでいます。

　なお，修正純利益および修正ROEは，次の方法で算出します。

・修正純利益[1]

修正純利益＝連結当期純利益[2]＋異常危険準備金繰入額[3]＋危険準備金繰入額[3]＋価格変動準備金繰入額[3]＋自然災害責任準備金[4]繰入額[3]＋初年度収支残[5]の影響額[6]－ALM[7]債券・金利スワップ取引に関する売却・評価損益－事業投資に係る株式・固定資産に関する売却損益・評価損＋のれん・その他無形固定資産償却額－その他特別損益・評価性引当等

・修正純資産[1,8]

修正純資産＝連結純資産＋異常危険準備金＋危険準備金＋価格変動準備金＋自然災害責任準備金[4]＋初年度収支残－のれん・その他無形固定資産

・修正ROE

修正ROE＝修正純利益÷修正純資産

＊1　各調整額は税引後です。
＊2　連結財務諸表上の「親会社株主に帰属する当期純利益」です。
＊3　戻入の場合はマイナスとなります。
＊4　大規模自然災害リスクに対応した火災保険の未経過保険料です。
＊5　保険料から発生保険金の一部と事業費を控除した残高を，翌期以降の保険事故に備えて繰り越すものです。
＊6　普通責任準備金積増額のうち，未経過保険料の積増額を控除したものです。
＊7　ALMとは，資産・負債の総合管理をいいます。
＊8　平均残高ベースで算出しています。

(2)　経営環境及び対処すべき課題

　2023年度の世界経済は，物価の高止まりに加え，米国金融機関の経営破綻にみられるようなこれまでの金融引締めの影響の顕在化等により，米国や欧州が景気後退に陥る懸念が高まっています。わが国経済は，経済活動の正常化や政府による総合経済対策によって下支えされるものの，世界経済鈍化の影響を受けて緩やかな回復に留まる見込みです。

　東京海上グループは，長期ビジョン「世界のお客様にあんしんをお届けし，成長し続けるグローバル保険グループ」の実現に向け，積極果敢に挑戦してまいります。2023年度は，現中期経営計画の最終年度として，この達成に向け，急激に変化するお客様のニーズに的確に対応する「新しいマーケット×新しいアプローチ」と，商品内容および保険料率の見直しやデジタル活用を通じた業務効率化等

による「保険本業の収益力強化」を取組みの両輪としつつ，「次の成長ステージに向けた事業投資」を加えた「2＋1の成長戦略」に引き続き取り組んでまいります。また，サステナブルな社会の実現に向け，各事業セグメントにおける取組みを通じ，社会課題の解決に向けたサステナビリティ戦略を強力に推進してまいります。

国内損害保険事業では，東京海上日動は，保険の提供に留まらず，事故の未然防止といった「事前」の領域，あるいは早期復旧・再発防止といった「事後」の領域を含め，トータルにサポートするソリューション・プロバイダーとしての機能を充実させてまいります。こうした取組みのひとつとして，防災・減災が大きな社会課題となるなか，様々な業界から集結した企業等とともに「防災コンソーシアムCORE」を本格稼働させ，防災・減災に関する4要素（現状把握・対策実行・避難・生活再建）の高度化に挑戦しています。国・自治体等との連携を通じて防災・減災に寄与するソリューションを創出・社会実装し，災害に負けない強靱な社会の実現をめざします。

国内生命保険事業では，あんしん生命は，シニア，ヘルスケア，資産形成等の領域にフォーカスし，各領域において独自性のある商品を最適な販売チャネルを通じてお客様にお届けすることで，人生100年時代の社会課題の解決に貢献してまいります。

海外保険事業では，高度な保険引受能力や専門性を活かした保険料収入の拡大，保険料率の見直し等を通じて，保険引受利益を持続的かつ安定的に拡大してまいります。加えて，競争力ある商品のグローバル展開や資産運用の高度化等，海外保険事業全体におけるシナジーの拡大にも取り組んでまいります。また，戦略的なM&Aの実行に向けた市場動向調査にも継続的に取り組み，優良な投資機会を着実に捉えてまいります。

資産運用では，国内外のグループ会社と連携しながら，資産と負債の総合管理（ALM）を軸としたグローバルな運用態勢の強化に引き続き努めてまいります。今後の世界経済や金融市場の変化を注視しつつ，資産ポートフォリオの多様化とリスク分散を進めることによって，長期安定的な運用収益の確保と健全な財務基盤の維持に取り組んでまいります。

これらの各事業を支えるのは人です。人材を資本と捉え，その価値を最大限に

引き出すことで中長期的な企業価値向上につなげる「人的資本経営」の考え方が注目されています。「Peoples's Business」（人とその信用・信頼からなる事業）である保険事業を営む東京海上グループの競争力の源泉は，昔も今もこれからも人です。社員一人ひとりが適材適所で情熱と意欲をもって活躍できるよう支援するとともに，将来に向けた人材投資も行い，100年後もお客様と地域社会のいざをお守りする存在であり続けるための人的資本および人材基盤の強化にグループを挙げて取り組んでまいります。

　株主還元については，配当を基本とする方針としています。事業を通じた利益成長と配当の拡大は整合的であるべきとの考えに基づき，現中期経営計画期間においては，力強い利益成長と配当性向の引上げを通じ，継続的な増配を実現できるよう努めてまいります。

　東京海上グループは，「お客様の信頼をあらゆる活動の原点におく」という経営理念を掲げ，健全性と透明性の高いガバナンス体制を基盤に，収益性と成長性を兼ね備えた企業グループとしてさらに発展していくため，グループを挙げて業務に邁進してまいります。

2　サステナビリティに関する考え方及び取組

(1)　サステナビリティ共通 ···

　東京海上グループは，「お客様や地域社会の"いざ"をお守りする」というパーパスを起点に，時代ごとの社会課題を自ら探し出し，保険本業を通じてその課題解決に貢献することで成長してきました。当社の事業活動が社会課題解決そのものであるため，使命感を持って事業活動に取り組むことは，安心・安全に生活し，かつ果敢に挑戦できるサステナブルな社会の実現に貢献することに繋がると考えています。

①　ガバナンス

　グループ全体でサステナビリティ戦略を推進するため，グループCEOおよびサステナビリティの取組みを総括するチーフオフィサー（以下「CSUO」といいます）を含むチーフオフィサー，海外の経営陣等で構成されるサステナビリティ委員会を設置し，取組内容や方針等をグローバルベースで審議しています。サステナビ

リティ委員会は原則として四半期に一回開催し，サステナビリティ課題への対応方針等に関する審議および各施策の進捗状況のモニタリングを行っています。CSUOは，サステナビリティ戦略の推進および浸透を統括し，取締役会に方針を諮るとともに進捗状況を報告する役割を担っています。

　また，取締役会は定期的にその報告を受けサステナビリティに関する取組みについて論議し，執行を適切に監督しています。

　上記の体制により，グループ社員にサステナビリティ戦略を浸透させ，事業活動を通じた社会課題の解決に取り組んでいます。

　また，2022年度から，取締役の業績連動報酬にサステナビリティ戦略に係る非財務指標を取り入れています。

○サステナビリティ推進体制図

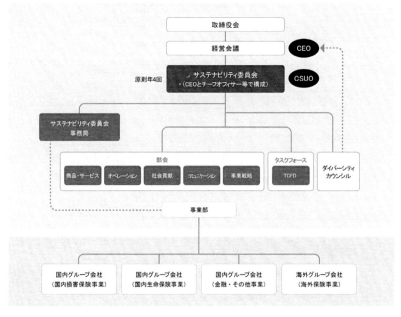

② **戦略**

　東京海上グループは，「次の世代に明るい未来を引き継ぐことは私たちの責務で

ある」との強い想いから，「お客様」，「社会」，「社員」および「株主・投資家」に加え，「未来世代」をステークホルダーに位置付けています。

　東京海上グループは，パーパスを起点に取り組むべき8つの領域を設定していますが，「気候変動対策の推進」，「災害レジリエンスの向上」，「健やかで心豊かな生活の支援」および「ダイバーシティ＆インクルージョン（以下「D&I」といいます）の推進・浸透」の4つを，特に各ステークホルダーにとって重要と考えられる主要課題として特定し，様々な取組みを行っています。事業活動と社会課題解決を循環させながらサステナブルな社会づくりに貢献し，その結果として社会的価値と経済的価値を同時に高めていきます。

③　リスク管理

　東京海上グループを取り巻くリスクは，グローバルな事業進展や経営環境の変化等を受けて一層多様化・複雑化してきています。また，不透明感が強く，変化の激しい昨今の政治・経済・社会情勢においては，新たなリスクの発現を常に注視し適切に対応していかなければなりません。そのため，東京海上グループは，リスクの軽減，回避等を目的とした従来型のリスク管理に留まらず，定性・定量の両面での網羅的なリスク把握に取り組んでいます。環境・社会に関しては，環境基本方針，人権基本方針および人事に関する基本方針に基づいて，当該リスクが発生する可能性の高いセクターを特定し，負の影響を与えるリスクを適切に把握，管理できるよう努めています。

④　指標と目標

　東京海上グループは，サステナビリティに関する中長期目標（非財務指標）を課題ごとに掲げ，実効性のあるPDCAサイクルを回し続けることで各種取組みを着実に進めています（詳細は以下のとおりです）。

(2)　気候変動対策 ···

　気候変動は，グローバルな課題であるとともに，保険業界に直接的な影響を及ぼします。そのため，東京海上グループは，気候変動対策を，本業である保険事業はもとより，機関投資家，そしてグローバルカンパニーとして真正面から取り組むべき最重要課題に位置付けています。

東京海上グループは，気候関連財務情報開示タスクフォース（Task Force on Climate-related Financial Disclosures，以下「TCFD」といいます）の提言を支持しており，そこで推奨されている「ガバナンス」，「戦略」，「リスク管理」および「指標と目標」の4つの柱に沿った情報開示を行っています。なお，TCFD提言に沿った気候関連情報開示の詳細については，東京海上グループのサステナビリティレポート等に記載のとおりです。

① ガバナンス

「(1) サステナビリティ共通　①　ガバナンス」に記載のとおりです。

② 戦略

戦略にはその前提となるリスク認識が重要です。東京海上グループは，気候変動リスクが高まることを想定し，事業への影響を特定・評価しています。気候変動リスクには，気候変動に伴う自然災害の頻度の高まりや規模の拡大等によって生じる物理的リスクに加え，脱炭素社会への移行が投資先の企業価値や東京海上グループの保有資産価値に影響を及ぼすこと等によって生じる移行リスクがあります。

また，気候変動の緩和および適応に向けた対応から生まれるビジネス機会を認識し，保険商品・サービスの開発・提供，お客様企業および投資先とのエンゲージメント（対話），事業活動に伴う温室効果ガス排出量削減等を通じて，脱炭素社会への移行に取り組んでいきます。

物理的リスク，移行リスクおよび機会について，TCFD提言の分類ごとの事象例および東京海上グループの事業活動における具体例は以下のとおりです。

	事象例		東京海上グループの事業活動における リスク・機会の例	時間軸
物理的リスク	急性	・台風や洪水等の頻度の高まりや規模の拡大の可能性	・保険金支払への影響 ・拠点ビル等が被災することによる事業継続への影響	短期〜
	慢性	・気温の上昇 ・干ばつや熱波等，その他気象の変化 ・海面の上昇 ・節足動物媒介感染症への影響		中期・長期

移行リスク	政策および法規制	・炭素価格の上昇 ・環境関連の規制・基準の強化 ・気候関連の訴訟の増加	・炭素価格上昇による投資先企業の企業価値や東京海上グループの保有資産価値の下落 ・賠償責任保険に係る支払保険金の増加	中期・長期
	技術	・脱炭素社会への移行に向けた技術革新	・脱炭素社会への移行に乗り遅れた投資先企業の企業価値や東京海上グループの保有資産価値の下落	中期・長期
	市場	・商品・サービスの需要と供給の変化	・技術革新やお客様ニーズの変化を捕捉できないことによる収益の低下	短期～
	評判	・脱炭素社会への移行の取組みに対するお客様や社会の認識の変化	・東京海上グループの取組みが不適切とみなされることに伴うレピュテーションの毀損	短期～
機会	資源の効率性、エネルギー源、製品・サービス、市場、レジリエンス	・エネルギー源の変化やレジリエンス向上に向けた製品・サービス需要や社会の認識の変化	・再生可能エネルギー事業に関する保険ニーズの飛躍的増大 ・脱炭素化対応に伴う企業の資金需要の増加による投融資機会の増大 ・災害レジリエンス向上に向けた防災・減災ニーズの増加	短期～

(注) 表中の時間軸における「短期」は3年未満，「中期」は3年超～10年未満，「長期」は10年超の期間を指します。

東京海上グループは，物理的リスクおよび移行リスクに関するシナリオ分析を行い，気候変動が及ぼす保険金支払，投資先の企業価値および東京海上グループの保有資産価値への影響を評価しています。そして，サステナビリティ戦略を，シナリオ分析の結果も踏まえ，充実させながら実践しています。損害保険事業は比較的短期の保険契約が多いことや東京海上グループの運用資産は流動性の高い金融資産が中心であることから，これらの影響に柔軟に対応し，レジリエンスを確保することが可能であると考えています。

③ **リスク管理**

東京海上グループは，リスクベース経営（以下「ERM」といいます）に基づいてグループ全体のリスク管理を行うとともに，その高度化に取り組んでいます。気候変動リスクについてもERMの枠組みのなかで適切に管理しています（「第2 事業の状況 3 事業等のリスク」に記載のとおりです）。

④ **指標と目標**

東京海上グループは，パリ協定を踏まえ，以下の指標と目標を設定しています。
・2050年度までに，東京海上グループが排出する温室効果ガスの実質ゼロをめざす（含む保険引受先・投融資先）。
・2030年度までに，東京海上グループが排出する温室効果ガスを2015年度

対比60％削減するとともに，東京海上グループの主要拠点において使用する電力を100％再生可能エネルギーとする。

(3) 災害レジリエンス …………………………………………………………

① ガバナンス

「(1) サステナビリティ共通　①　ガバナンス」に記載のとおりです。

② 戦略

東京海上グループにとって，災害課題を解決することによる「災害レジリエンスの向上」は，対処すべき重要課題です。災害リスクをカバーする保険商品を提供し，人工衛星やAI等を活用した迅速な保険金支払体制を整備するなど，お客様の"いざ"をお守りするサービスの開発・提供の取組みを強化しています。

また，有事における保険金の支払いに留まらず，事故を未然に防ぎ，仮に発生してもその負担を軽減し早期復旧等に繋げるための「事前・事後」のサービスを継続的に提供することを通じて，災害に負けない社会づくりに貢献していきます。そのために，業界の垣根を超えた防災コンソーシアムをリードし，各社が持つ技術やインフラを活用した防災・減災ソリューションを開発しています。

さらに，産学連携に基づく科学的知見を踏まえた気候変動および災害リスク研究を行うとともに，セミナーの開催，子どもへの「ぼうさい授業」の継続的な実施等の防災教育・啓発活動を推進しています。

③ リスク管理

東京海上グループは，ERMに基づいてグループ全体のリスク管理を行うとともに，その高度化に取り組んでいます。災害に関するリスクについても，ERMの枠組みのなかで自然災害が保険引受に及ぼす影響等を考慮しながら適切に取り組んでいます（「第2　事業の状況　3　事業等のリスク」に記載のとおりです）。

④ 指標と目標

東京海上グループの指標と目標は以下のとおりです。

・社会の災害レジリエンス向上に不可欠な火災保険制度を持続的に運営する。
・防災・減災につながる保険商品を開発し，提供するソリューションを増加させる。

・BCP（事業継続計画）策定支援の内容を充実させるとともに，支援の提供先を増加させる。

（4）　人的資本

①　ガバナンス

「内部統制基本方針」に基づき「人事に関する基本方針」を定め，人事に関しての基本的な考え方，統括部署の設置，各種基準の策定等の態勢整備等を示すとともに，グループ会社における重要な人事制度改定等の事前承認事項および報告事項を定め，人事に関するガバナンス体制を構築しています。

②　戦略

a)　人事戦略

人事戦略は，パーパスを起点として経営戦略と連動しグループの成長を後押しするものと考えています。東京海上グループの人事戦略は，ステークホルダーに向けた価値創出の源泉となる「グループ一体経営を支える "人材"」と，パーパスを起点にグループが一つになる「グループ一体経営を支える "企業文化"」の2つを構成要素としています。これら2つの要素の相乗効果が，グループ経営戦略においてめざす姿の実現確度を高めていきます。そのために，めざす姿の実現に必要なケイパビリティを特定のうえ，現状とのギャップを把握し，そのギャップを埋めるために必要な人事施策を策定しています。

b)　人材育成方針

東京海上グループの人材に対する考え方，人材育成に関する方針を "Tokio Marine Group - Our People" として整理し，社内外に開示しています。

"Tokio Marine Group - Our People"

・Human resources are Tokio Marine Group's most valuable asset and serve as the driving force for realizing the Group's "Good Company" vision.
東京海上グループにとって最も大切な資産は人材であり，'Good Company' ビジョンを実現するための原動力です。

(point) 生産，受注及び販売の状況

生産高よりも販売高の金額の方が大きい場合は，作った分よりも売れていることを意味するので，景気が良い，あるいは会社のビジネスがうまくいっていると言えるケースが多い。逆に販売額の方が小さい場合は製品が売れなく，在庫が増えて景気が悪くなっていると言える場合がある。

- Tokio Marine Group will secure essential human resources in all business areas to provide safety and security to customers and society.

  東京海上グループは，お客様や社会に安心と安全を提供するためにあらゆる事業領域において不可欠な人材を確保します。

- Tokio Marine Group provides employees, who tackle challenges with passion and motivation, with active roles and opportunities conducive to growth.

  東京海上グループは，情熱と意欲をもって挑戦する社員に対して成長に資する役割や機会を与えます。

- Tokio Marine Group aims to be a truly global company that respects diversity and inclusion. We will continuously walk an endless path toward becoming a "Good Company" by creating an environment where diverse human resources can fully demonstrate their inherent capabilities.

  東京海上グループは，真のグローバルカンパニーを目指し，ダイバーシティ＆インクルージョンを尊重します。多様な人材が持てる力を遺憾なく発揮できる環境をつくることを通じて 'Good Company' への果てしない道を歩み続けます。

c) 社内環境整備方針

　　東京海上グループの人事戦略の構成要素である「グループ一体経営を支える"企業文化"」を強化する観点から取組みを進めています。具体的には，「パーパスの浸透」および「D&I推進」による「グループ一体感の醸成」ならびに「働きがいの実感と働きやすさ」による「エンゲージメントの向上」の実現に向け，社内環境を整備する方針としています。

イ）パーパスの浸透

　　グループCEO自身がカルチャーを総括するチーフオフィサーとして，経営陣とグループ社員がマジメな話を気楽にする「マジきら会」等の取組みを先頭に立って推進し，パーパスの浸透によるグループ一体感の醸成に努めています。「マジきら会」はグループCEOや経営陣が参加するものから各職場内で開催されるものまで，様々な場面で実施されています。また，東京海上グループ内の多様

(point) **対処すべき課題**

　　有報のなかで最も重要であり注目すべき項目。今，事業のなかで何かしら問題があればそれに対してどんな対策があるのか，上手くいっている部分をどう伸ばしていくのかなどの重要なヒントを得ることができる。また今後の成長に向けた技術開発の方向性や，新規事業の戦略についての理解を深めることができる。

な人材のエンゲージメントの把握やパーパスの浸透度等を測るため，毎年カルチャー＆バリューサーベイを実施し，その結果をグループ一体感のさらなる醸成へと繋げています。

グローバルベースでパーパスを浸透させる取組みとして，東日本大震災の被災地を訪問し世界各国のグループ会社の経営幹部候補が参加する研修プログラム（Middle Global Leadership Development Program）を実施しています。東北の被災地を実際に訪れ，当時震災対応を行った社員や代理店と対話を行い，震災時の行動や想いに触れることで，保険の意義や"Good Company"の意味を体感するプログラムとなっています。

ロ）　D&I推進

多様な価値観を持ち，意欲と能力のある社員がジェンダー・年齢・国籍・障がいの有無等にかかわらず能力を最大限発揮していくことが，世界中のお客様に提供する商品・サービスの品質を高めていくうえで重要であると考えています。具体的には，ジェンダーギャップの解消，高年齢社員や障がい者等，誰もが活躍できる職場づくり，国籍や人種を問わない採用，多様な経験を持つ社員の中途採用・育成等を進め，グループ全体のD&I推進に取り組んでいます。

D&I推進を加速するため，D&Iの取組みを総括するチーフオフィサーおよびダイバーシティカウンシルを設置し，ビジョンやアクションプランについて議論を重ねています。D&Iの取組みを通じて「真にインクルーシブなグローバル保険グループ」をめざすために，以下のとおり４つの観点から「D&Iビジョン」を策定しています。

事業等のリスク

「対処すべき課題」の次に重要な項目。新規参入により長期的に価格競争が激しくなり企業の体力が奪われるようなことがあるため，その事業がどの程度参入障壁が高く安定したビジネスなのかなど考えるきっかけになる。また，規制や法律，訴訟なども企業によっては大きな問題になる可能性があるため，注意深く読む必要がある。

真にインクルーシブなグローバル保険グループ			
Attract	**Empower**	**Develop/Promote**	**Retain**
私たちは、誰もが持てる力を遺憾なく発揮できる会社として、個々人の属性にかかわらず多様な人材から選ばれる会社を目指します。	私たちは、全ての社員が存分に活躍できる真にインクルーシブな職場環境をつくり、お客様や社会に貢献するために必要な環境を整備し、適切な裁量を付与します。	私たちは、様々な経験と学びの機会を提供することに加えて、全ての社員に活躍の場を与えることで、社員一人ひとりが、仕事を通じて成長できるよう支援します。	会社と社員の間には強固な信頼関係が構築され、社員はそれぞれの貢献に応じて公正に評価され、適切に処遇されます。

ハ）　働きがいの実感と働きやすさ（エンゲージメントの向上）

　社員一人ひとりのエンゲージメントの状態を的確に把握するため，エンゲージメントサーベイを年1回実施しています。サーベイの結果とその変化を分析し，組織全体の状況を経営陣が把握するとともに，専任コンサルタントの支援等も受けながら自律的に課題解決に取り組むPDCAサイクルを回しています。

　2022年度，東京海上日動火災保険株式会社は，社員のエンゲージメント向上に取り組む専任チームである「エンゲージメントデザインチーム」を新設し，「地域社会・お客様への貢献」や「自己成長・自己実現の実感」等によりエンゲージメントを向上させる取組みを展開しています。これらの取組みに加え，リモートワークや勤務時間自由選択制度の活用および副業の解禁等の働きやすさを高める施策により，エンゲージメント向上を図っています。また，役員報酬の業績連動部分について，「会社目標」として「サステナビリティ戦略に係る指標」および「社員エンゲージメント指標」を追加し，経営陣がエンゲージメントの向上にコミットする姿勢を明確にしています。

　東京海上グループは，社員の健康を経営の重要なテーマとしています。社員が心身ともに健康にいきいきと働くことで満足度や働きがいを高め，お客様や地域・社会の健康増進や社会課題解決に貢献し，会社の持続的成長に繋げていくことをめざしています。こうした考えに基づき，「東京海上グループ健康経

営憲章」を定め，グループCEOをトップに，健康経営を総括するチーフオフィ
サーの指揮のもと，専任組織がグループ全体の健康経営や労働安全衛生の推進
に取り組んでいます。取組みの結果，健康経営に優れた企業として「健康経営
銘柄」に8年連続で選定されています。東京海上グループは，これらの取組み
の実効性を上げるため，様々な社員意識調査により，社員や組織全体の状況を
定期的に確認し，課題の抽出と解決に向けた取組みを行うPDCAサイクルを回
しています。

Tokio Marine Group Wellness Charter
東京海上グループ健康憲章

The mental and physical well-being of our employees and their families is
essential in order to increase employee engagement, live up to our
corporate philosophy and therefore enhance our corporate value. With these
principles in mind Tokio Marine Group (hereafter "Tokio Marine") commits
to promote the following for its staff and their families :

　社員の働きがいを高め，経営理念の実践と企業価値の向上を追求し続ける
ためには，社員とその家族の心身の健康が重要であり，東京海上グループは，
以下の観点から取り組みを推進します。

・Tokio Marine will promote a culture in which each employee thinks about
how they can incorporate well- being into their lifestyle.
　一人ひとりが，健康をかけがえのないものとして大切にし，主体的に健康
増進に努めます。

・Tokio Marine will invest in wellness initiatives, establish an environment
and a corporate culture that will continuously encourage the promotion of
wellness.
　健康への投資を行い，健康増進に積極的に取り組む環境と企業風土を確固
たるものとし，継承していきます。

・Tokio Marine will contribute to the realization of a healthier and more

---

prosperous future by supporting the wellness of our customers, communities, and society as a whole.

お客様や地域・社会における健康増進への取り組みを支援することにより，社会課題の解決につなげ，健康で豊かな未来の実現に貢献します。

President and Group CEO

取締役社長　グループCEO

③　リスク管理

「(1) サステナビリティ共通　③　リスク管理」に記載のとおりです。

④　指標と目標

指標	対象会社	目標	2022年度実績	該当する取組み
女性取締役・監査役比率	東京海上ホールディングス株式会社	2027年度 30.0%	15.8%	・D&I推進
女性管理職以上比率（注1）	東京海上日動火災保険株式会社	2030年度 30.0%	10.4%	・D&I推進
カルチャー＆バリューサーベイの結果（注2）	東京海上ホールディングス株式会社および国内外のグループ会社42社	維持・向上	4.4点	・パーパスの浸透 ・D&I推進 ・働きがいの実感と働きやすさ
エンゲージメントスコア（注3）	東京海上ホールディングス株式会社 東京海上日動火災保険株式会社	維持・向上	61.4	・働きがいの実感と働きやすさ

（注）1.「管理職以上」には取締役，監査役および執行役員を含みます。なお，2023年4月1日時点では11.2%まで向上しています。

　　　2. エンゲージメントの把握やパーパスの浸透度等を測るための独自サーベイです。評価点は5点満点で算出されます。2020年度実績は4.3点，2021年度実績は4.3点です。

　　　3. 株式会社リンクアンドモチベーションのモチベーションクラウドで測定するものです。数値は偏差値として算出されます。2020年度実績は61.1，2021年度実績は62.1です。

　なお，本項の記載には将来に関する事項が含まれていますが，当該事項は本有価証券報告書提出日現在において判断したものです。

3　事業等のリスク

　東京海上グループは，「リスク」，「資本」および「リターン」の関係を常に意識し，リスク対比での健全性と収益性を両立しながら高いROEをめざす「リスクベース経営（ERM：Enterprise Risk Management）」を行っています。

○リスクベース経営（ERM）のイメージ図

$$\frac{リターン}{資本} = \frac{リスク}{資本} \times \frac{リターン}{リスク}$$

ROE　　　　健全性　　　　収益性

　具体的には，リスクアペタイト・フレームワークを起点に，事業計画の策定および検証ならびに事業計画に基づいた資本配分計画を決定するERMサイクルにより「リスク」，「資本」および「リターン」を適切にコントロールし，企業価値の持続的な拡大をめざしています。

○ERMサイクルのイメージ図

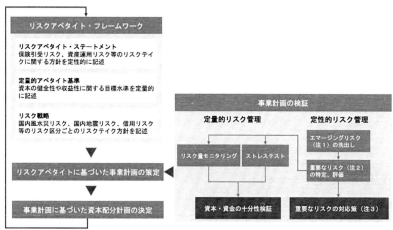

(注) 1. 環境変化等により新たに現れるリスクであり，従来リスクとして認識されていないものおよびリスクの程度が著しく高まったものをいいます。具体的には，当社の子会社での洗出し結果に加え，外部機関等のリスク情報も参考にしたうえで，当社内での議論を経て洗い出します。

　　　2. 財務の健全性，業務継続性等に極めて大きな影響を及ぼすリスクをいいます。具体的には，エマージングリスクおよび前事業年度のグループの重要なリスクにつき，影響度（経済的影響，業務継続への影響およびレビュテーションへの影響で評価し，最も大きいものを採用）ならびに頻度・蓋然性を評価し，以下の5×5のマトリクスを用いて特定しています。

(point) **財政状態，経営成績及びキャッシュ・フローの状況の分析**

　「事業等の概要」の内容などをこの項目で詳しく説明している場合があるため，この項目も非常に重要。自社が事業を行っている市場は今後も成長するのか，それは世界のどの地域なのか，今社会の流れはどうなっていて，それに対して売上を伸ばすために何をしているのか，収益を左右する費用はなにか，などとても有益な情報が多い。

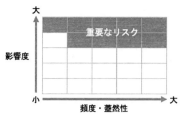

3. 重要なリスクについて，対応策の策定（Plan），実行（Do），振返り（Check）および改善（Act）を
  行います。

（1） 定性的リスク管理 ···

　事業運営を行うなかで直面する様々なリスクを網羅的に把握して対応するた
め，エマージングリスクの洗出しならびに重要なリスクの特定，評価および
PDCA を行い，毎年取締役会に報告しています。

○重要なリスクの一覧

重要なリスク／シナリオ	対応例
①国内外の経済危機，金融・資本市場の混乱 ○リーマンショック級の世界金融危機、地政学リスク等に起因する金融・資本市場の混乱等により、東京海上グループの保有資産の価値が下落する。	<経済的影響への対応> ・地政学リスク等の市場への影響を調査する。 ・信用リスク集積管理等により、エクスポージャーをコントロールする。 ・ストレステストを行い、資本十分性や資金流動性を確認する。 ・金融危機、金利上昇リスクのアクションプランを整備する。
②日本国債への信認毀損 ○政府への信認毀損による日本国債暴落、ハイパーインフレーション等により、東京海上グループの保有資産の価値が下落する。	
③巨大地震 ○首都直下地震、南海トラフ巨大地震が発生し、人的・物的被害が甚大となり、東京海上グループの事業を含む社会や経済活動が停滞するとともに保険金支払が多額になる。	<経済的影響への対応> ・リスクの集積を含めて適切にリスクを評価し、お客様のニーズに沿った商品の開発を行いつつ、リスクに見合った引受け、リスク分散および再保険手配を行うことと利益の安定化を図る。 ・③、④および⑤については、ストレステストを行い、資本十分性や資金流動性を確認する。
④巨大風水災（含む気候変動物理的リスク） ○巨大台風や集中豪雨が発生し、物的被害が甚大となり、東京海上グループの事業を含む社会や経済活動が停滞するとともに保険金支払が多額になる。	
⑤火山噴火 ○富士山噴火等が発生し、降灰等により物的被害が甚大となり、東京海上グループの事業を含む社会や経済活動が停滞するとともに保険金支払が多額になる。	
⑥新ウイルスのまん延 ○致死率の高い感染症がまん延し、保険金支払が多額になる。	<事業継続への影響やレピュテーションへの対応> ・危機管理態勢（後記（3）参照）や事業継続計画等を整備し、有事訓練により実効性を確認する。 ・⑦については、サイバーセキュリティ態勢も整備し、有事訓練により実効性を確認する。
⑦サイバーリスク ○多くの東京海上グループの顧客やそのサプライチェーンがサイバー攻撃を受け、保険金支払が多額になる。 ○東京海上グループのシステムがサイバー攻撃を受け、重要情報の漏えいや事業活動の停滞が発生する。	

重要なリスク／シナリオ	対応例
⑧インフレーション ○原材料費の高騰や世界的な物価の急激な上昇等により、保険金支払単価が上昇し、リスクに見合った商品改定や再保険調達ができず保険引受利益が減少する。	<経済的影響への対応> ・インフレーションの保険商品への影響を分析し、リスクに見合った商品改定や引受けを行う。
⑨破壊的イノベーション ○デジタルトランスフォーメーション、革新的な新規参入者等により、産業構造が大きく転換するようなイノベーションが発生して東京海上グループの競争優位性が失われ、収入保険料や利益が大きく減少する。	<経済的影響への対応> ・デジタルトランスフォーメーションの基本戦略推進とプロジェクトの実行を通じて、保険事業の競争優位性を確保する。 ・保険事業と親和性の高い領域を中心とした新規事業を展開する。
⑩新型コロナウイルスの持続・変異 ○新型コロナウイルスの変異や感染持続により、事業活動が停滞する。	
⑪地政学リスク ○国家間の対立が軍事衝突に発展し、人的・物的被害が甚大となり、東京海上グループの事業を含む社会や経済活動が停滞する。	<事業継続への影響やレピュテーションへの対応> ・危機管理態勢（後記（3）参照）や事業継続計画等を整備し、有事訓練により実効性を確認する。 （経済的影響への対応は上記①に記載）
⑫コンダクトリスク ○業界・企業慣行と世間の常識が乖離すること等により、東京海上グループの取組みが社会から不適切とみなされ、レピュテーションを毀損する。	<事業継続への影響やレピュテーションへの対応> ・従業員の意識や行動に関する調査を行い、好取組事例の収集や展開を通じて東京海上グループの取組みを改善する。
⑬法令・規制への抵触 ○個人情報保護、マネー・ローンダリング防止、米中対立やウクライナ戦争に関連した経済制裁強化等に関する規制等に抵触し、罰金等を科されるとともにレピュテーションを毀損する。	<事業継続への影響やレピュテーションへの対応> ・国内外の社会環境、行政機関の動向、法令規制改正等を把握し、必要な対策を講じる。

○エマージングリスクの例

エマージングリスク／シナリオ	対応例
①公共インフラ・企業設備の老朽化の進行 ○公共インフラ・企業設備の老朽化が進行することで大事故が頻発し、保険金支払が増大する。	
②宇宙リスク ○磁気嵐発生による広範囲の送電網故障、宇宙気象やスペースデブリの増加による通信障害の頻発等により、保険金支払が増大する。	<経済的影響への対応> ・リスクを適切に評価し、お客様のニーズに沿った商品の開発を行いつつ、リスクに見合った引受け、リスク分散および再保険調達を行うことで利益の安定化を図る。 ・④については、気候変動による影響評価について研究・分析に取り組んでいる。
③医療・生命工学の革新的な進化 ○がん診断技術や遺伝子診断技術の革新的な進化により、保険金支払が増大する。	
④地球温暖化（気候変動物理的リスク） ○地球温暖化により環境破壊や災害の激甚化が進み、保険金支払が増大する。	
⑤脱炭素社会への不適切な対応（気候変動移行リスク） ○脱炭素社会への移行に乗り遅れた投資先企業の企業価値が下落し、東京海上グループの保有資産の価値も下落する。 ○脱炭素社会への東京海上グループの取組みが社会から不適切とみなされ、レピュテーションを毀損する。	<事業継続への影響やレピュテーションへの対応> ・気候変動に対する基本的な考え方、保険引受・投融資の方針およびこれらを踏まえた取組みを公表するとともに、気候分野における専門家・アドバイザーとの意見交換を行う。
⑥グローバルな人権重視厳格化への対応遅れ ○人権尊重に関する東京海上グループの取組みが社会から不適切とみなされ、レピュテーションを毀損する。	<事業継続への影響やレピュテーションへの対応> ・人権に対する基本的な考え方、人権基本方針、人権尊重に係るマネジメント態勢、責任ある調達に関するガイドラインおよびこれらを踏まえた取組みを公表するとともに、人権分野における専門家・アドバイザーとの意見交換を行う。

（2） 定量的リスク管理 ···

　格付けの維持および倒産の防止を目的として，保有しているリスク対比で実質純資産が十分な水準にあることを多角的に検証し，財務の健全性が確保されていることを，取締役会において確認しています。

　具体的には，リスクをAA格相当の信頼水準である99.95％バリューアットリスク（VaR）（注1）で定量評価し，実質純資産（注2）をリスク量で除したエコノミック・ソルベンシー・レシオ（以下「ESR」といいます）の水準により，資本の十分性を確認するとともに，事業投資機会や今後の市場環境の見通し等を総合的に勘案して資本政策を決定しています。

　東京海上グループのESRのターゲットレンジは100～140％ですが，2023年3月末時点におけるESRは124％となり，資本が適切な水準にあることを確認しています。

　また，重要なリスクのうち，国内外の経済危機，金融・資本市場の混乱，日本国債への信認毀損，巨大地震，巨大風水災および新ウイルスのまん延等の経済的損失が極めて大きいと想定されるシナリオならびに複数の重要なリスクが同時期に発現するシナリオに基づくストレステストも実施し，資本十分性および資金流動性に問題がないことを別途確認しています。

（注）1. 将来の一定期間のうちに，一定の確率の範囲内で被る可能性のある最大損失額のことをいいます。
　　　　 99.95％VaRとは，今後1年間の損失が99.95％の確率でその額以内に収まる金額水準です。
　　　2. 財務会計上の連結純資産に，資産と負債を時価評価し，異常危険準備金の加算やのれんの控除等の
　　　　 調整を加えて算出します。

○ ESRの状況

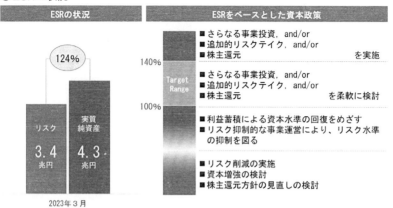

| ESRの状況 | ESRをベースとした資本政策 |

124%

リスク 3.4 兆円　実質純資産 4.3 兆円

2023年3月

Target Range

140%

100%

- ■ さらなる事業投資，and/or
- ■ 追加的リスクテイク，and/or
- ■ 株主還元　を実施

- ■ さらなる事業投資，and/or
- ■ 追加的リスクテイク，and/or
- ■ 株主還元　を柔軟に検討

- ■ 利益蓄積による資本水準の回復をめざす
- ■ リスク抑制的な事業運営により、リスク水準の抑制を図る

- ■ リスク削減の実施
- ■ 資本増強の検討
- ■ 株主還元方針の見直しの検討

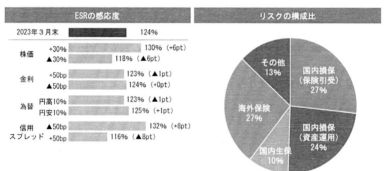

| ESRの感応度 | リスクの構成比 |

2023年3月末　124%

株価　+30%　130%（+6pt）
　　　▲30%　118%（▲6pt）

金利　+50bp　123%（▲1pt）
　　　▲50bp　124%（+0pt）

為替　円高10%　123%（▲1pt）
　　　円安10%　125%（+1pt）

信用スプレッド　▲50bp　132%（+8pt）
　　　　　　　　+50bp　116%（▲8pt）

その他 13%
国内損保（保険引受） 27%
国内損保（資産運用） 24%
国内生保 10%
海外保険 27%

(3) 危機管理 ···

　定性的リスク管理および定量的リスク管理を行っていても，全てのリスクを完全にコントロールすることは困難であり，また，自然災害のように発生を抑えることが不可能なリスクも存在します。

　そのため，有事に際して被る経済的損失等を極小化し，迅速に通常業務へ復旧するため，危機管理態勢や緊急事態時アクション等を整備しています。

　また，当社はグループ会社に対し支援・指示・指導を行い，グループ会社は当社に対し報告・連絡・相談を行うことで，グループ会社においても平時から危機

管理態勢や緊急事態時アクション等の整備を行うとともに，緊急事態時においては復旧や事業継続を迅速・的確に対応できるよう努めています。

さらに，自然災害やサイバー攻撃等，緊急事態（注）となり得る事象を想定した模擬訓練を実施し，緊急事態時の実践力・応用力も高めています。

(注)　東京海上グループの各社と顧客・代理店等の利害関係者との関係に重大な影響が生じる事態または東京海上グループの各社の業務に著しい支障が生じると判断される事態です。具体的には，自然災害，パンデミック，システム障害，サイバー攻撃，重要情報の漏えい，重大な法令違反および業務停止命令等，重要なリスクの発現やそれに準じた事態の発生を想定しています。

○東京海上グループの危機管理態勢

	平時	有事（緊急事態時）
当社	①東京海上グループにおける「危機管理に関する基本方針」，「危機管理マニュアル」等の策定・改定を通じた危機管理態勢や緊急事態時アクションの整備およびグループ会社への展開 ②緊急事態に備えた模擬訓練の実施　等	①緊急事態が発生したグループ会社への支援・指示・指導 ②東京海上グループとしての緊急事態判定および緊急事態への対応　等

支援・指示・指導　報告・連絡・相談　　　支援・指示・指導　報告・連絡・相談

	平時	有事（緊急事態時）
グループ会社	①グループ各社における「危機管理に関する基本方針」，「危機管理マニュアル」等の策定・改定を通じた危機管理態勢や緊急事態時アクションの整備 ②緊急事態に備えた模擬訓練の実施　等	①グループ各社としての緊急事態判定および緊急事態への対応 ②当社への報告・連絡・相談　等

なお，本項の記載には将来に関する事項が含まれていますが，当該事項は本有価証券報告書提出日現在において判断したものです。

4　経営者による財政状態，経営成績及びキャッシュ・フローの状況の分析

(1)　経営成績等の状況の概要 ……………………………………………………

当連結会計年度における当社グループの財政状態，経営成績及びキャッシュ・フロー（以下，「経営成績等」という。）の状況の概要は，次のとおりです。

①　財政状態及び経営成績の状況

当連結会計年度の世界経済は，前連結会計年度から引き続き回復基調にありま

したが，エネルギーの価格高騰や供給制約等の影響から記録的な物価上昇に見舞われ，回復ペースは鈍化しました。わが国経済は，物価上昇の影響がみられましたが，新型コロナウイルスに係る制限が徐々に緩和され経済活動が正常化しつつあること等から，個人消費を中心に緩やかに持ち直しました。

　このような情勢のもと損害保険・生命保険を中心に国内外で事業展開を行った結果，当連結会計年度の財政状態および経営成績は，以下のとおりとなりました。

　連結総資産は，前連結会計年度末に比べて4,539億円増加し，27兆6,998億円となりました。

　保険引受収益5兆6,348億円，資産運用収益8,754億円等を合計した経常収益は，前連結会計年度に比べて7,848億円増加し，6兆6,486億円となりました。一方，保険引受費用4兆6,660億円，資産運用費用2,039億円，営業費及び一般管理費1兆1,356億円等を合計した経常費用は，前連結会計年度に比べて8,483億円増加し，6兆1,446億円となりました。

　この結果，経常利益は，前連結会計年度に比べて635億円減少し，5,039億円となりました。

　経常利益に特別利益，特別損失，法人税等合計などを加減した親会社株主に帰属する当期純利益は，前連結会計年度に比べて440億円減少し，3,764億円となりました。

　また，親会社株主に帰属する当期純利益から保険事業特有の各種準備金の影響や資産の売却・評価損益等の当該年度の特殊要因を控除した修正純利益（グループ全体の業績を示す管理会計上の経営指標）は，前連結会計年度に比べて1,342億円減少し，4,440億円となりました。

　報告セグメント別の状況は，以下のとおりです。

[国内損害保険事業]

　国内損害保険事業においては，経常収益は，前連結会計年度に比べて1,905億円増加し，3兆406億円となりました。経常利益は，前連結会計年度に比べて180億円減少し，2,845億円となりました。国内損害保険事業における保険引受および資産運用の状況は，以下のとおりです。

a）保険引受業務

イ）元受正味保険料（含む収入積立保険料）

区分	前連結会計年度 （自 2021年4月1日 至 2022年3月31日）			当連結会計年度 （自 2022年4月1日 至 2023年3月31日）		
	金額 （百万円）	構成比 （％）	対前年増減 （△）率(%)	金額 （百万円）	構成比 （％）	対前年増減 （△）率(%)
火災保険	495,041	17.82	0.94	530,932	18.65	7.25
海上保険	80,431	2.89	18.35	95,380	3.35	18.59
傷害保険	240,526	8.66	0.62	249,177	8.75	3.60
自動車保険	1,242,298	44.71	0.93	1,233,670	43.33	△0.69
自動車損害賠償責任保険	220,727	7.94	△7.36	223,400	7.85	1.21
その他	499,451	17.98	2.27	514,270	18.06	2.97
合計	2,778,476	100.00	0.85	2,846,830	100.00	2.46
（うち収入積立保険料）	(63,091)	(2.27)	(△3.12)	(50,480)	(1.77)	(△19.99)

（注）1. 諸数値は，セグメント間の内部取引相殺前の金額です。
　　　2. 元受正味保険料（含む収入積立保険料）とは，元受保険料から元受解約返戻金および元受その他返
　　　　戻金を控除したものです（積立型保険の積立保険料を含みます。）。

ロ）正味収入保険料

区分	前連結会計年度 （自 2021年4月1日 至 2022年3月31日）			当連結会計年度 （自 2022年4月1日 至 2023年3月31日）		
	金額 （百万円）	構成比 （％）	対前年増減 （△）率(%)	金額 （百万円）	構成比 （％）	対前年増減 （△）率(%)
火災保険	383,292	15.54	1.78	438,566	17.13	14.42
海上保険	73,565	2.98	19.75	85,019	3.32	15.57
傷害保険	173,932	7.05	4.04	192,583	7.52	10.72
自動車保険	1,236,399	50.11	0.84	1,228,971	48.01	△0.60
自動車損害賠償責任保険	232,657	9.43	△8.14	225,269	8.80	△3.18
その他	367,379	14.89	2.76	389,614	15.22	6.05
合計	2,467,227	100.00	1.03	2,560,025	100.00	3.76

（注）諸数値は，セグメント間の内部取引相殺前の金額です。

(point) 設備投資等の概要

　　セグメントごとの設備投資額を公開している。多くの企業にとって設備投資は競争力
向上・維持のために必要不可欠だ。企業は売上の数％など一定の水準を設定して毎年
設備への投資を行う。半導体などのテクノロジー関連企業は装置産業であり，技術発
展のスピードが速いため，常に多額の設備投資を行う宿命にある。

ハ） 正味支払保険金

区分	前連結会計年度 （自　2021年4月1日 　至　2022年3月31日） 金額 （百万円）	構成比 （%）	対前年増減 （△）率（%）	当連結会計年度 （自　2022年4月1日 　至　2023年3月31日） 金額 （百万円）	構成比 （%）	対前年増減 （△）率（%）
火災保険	223,186	17.35	△1.45	273,740	18.85	22.65
海上保険	39,847	3.10	4.78	39,386	2.71	△1.16
傷害保険	81,342	6.32	0.75	102,314	7.04	25.78
自動車保険	601,476	46.74	2.16	664,930	45.78	10.55
自動車損害賠償責任保険	171,063	13.29	△8.49	157,832	10.87	△7.73
その他	169,826	13.20	8.86	214,307	14.75	26.19
合計	1,286,743	100.00	0.77	1,452,510	100.00	12.88

(注) 諸数値は，セグメント間の内部取引相殺前の金額です。

b） 資産運用業務

イ） 運用資産

区分	前連結会計年度 （2022年3月31日） 金額（百万円）	構成比（%）	当連結会計年度 （2023年3月31日） 金額（百万円）	構成比（%）
預貯金	457,568	6.00	452,953	6.04
買現先勘定	3,999	0.05	999	0.01
買入金銭債権	46,634	0.61	28,475	0.38
金銭の信託	－	－	8,000	0.11
有価証券	5,574,688	73.15	5,297,550	70.68
貸付金	387,837	5.09	481,547	6.43
土地・建物	204,524	2.68	204,537	2.73
運用資産計	6,675,254	87.59	6,474,064	86.38
総資産	7,620,856	100.00	7,494,722	100.00

(注) 諸数値は，セグメント間の内部取引相殺前の金額です。

(point) **主要な設備の状況**

　「設備投資等の概要」では各セグメントの1年間の設備投資金額のみの掲載だが，ここではより詳細に，現在セグメント別，または各子会社が保有している土地，建物，機械装置の金額が合計でどれくらいなのか知ることができる。

ロ）有価証券

区分	前連結会計年度 （2022年3月31日）		当連結会計年度 （2023年3月31日）	
	金額（百万円）	構成比（%）	金額（百万円）	構成比（%）
国債	1,322,222	23.72	1,220,504	23.04
地方債	79,139	1.42	61,876	1.17
社債	571,797	10.26	520,867	9.83
株式	2,561,525	45.95	2,438,251	46.03
外国証券	1,013,321	18.18	1,030,826	19.46
その他の証券	26,682	0.48	25,223	0.48
合計	5,574,688	100.00	5,297,550	100.00

(注) 諸数値は，セグメント間の内部取引相殺前の金額です。

ハ）利回り

i）運用資産利回り（インカム利回り）

区分	前連結会計年度 （自　2021年4月1日 至　2022年3月31日）			当連結会計年度 （自　2022年4月1日 至　2023年3月31日）		
	収入金額 （百万円）	平均運用額 （百万円）	年利回り （%）	収入金額 （百万円）	平均運用額 （百万円）	年利回り （%）
預貯金	78	520,287	0.02	194	433,821	0.04
コールローン	−	2	0.00	−	2	0.00
買現先勘定	1	9,081	0.01	0	1,987	0.02
買入金銭債権	42	85,009	0.05	20	23,260	0.09
金銭の信託	−	504	0.00	△0	7,333	△0.00
有価証券	125,267	3,400,815	3.68	139,601	3,391,674	4.12
貸付金	11,380	359,976	3.16	18,003	410,926	4.38
土地・建物	7,763	210,223	3.69	5,693	207,706	2.74
小計	144,533	4,585,901	3.15	163,513	4,476,713	3.65
その他	635	−	−	2,531	−	−
合計	145,168	−	−	166,045	−	−

(注) 1. 諸数値は，セグメント間の内部取引相殺前の金額です。

2. 収入金額は，連結損益計算書における「利息及び配当金収入」に，「金銭の信託運用益」のうち利息
及び配当金収入相当額を含めた金額です。

3. 平均運用額は，原則として各月末残高(取得原価または償却原価)の平均に基づいて算出しています。
ただし，コールローン，買現先勘定および買入金銭債権については，日々の残高(取得原価または
償却原価)の平均に基づいて算出しています。

ⅱ) 資産運用利回り（実現利回り）

区分	前連結会計年度 （自　2021年4月1日 至　2022年3月31日）			当連結会計年度 （自　2022年4月1日 至　2023年3月31日）		
	資産運用損益 （実現ベース） （百万円）	平均運用額 （取得原価 ベース） （百万円）	年利回り （％）	資産運用損益 （実現ベース） （百万円）	平均運用額 （取得原価 ベース） （百万円）	年利回り （％）
預貯金	10,174	520,287	1.96	9,847	433,821	2.27
コールローン	−	2	0.00	−	2	0.00
買現先勘定	1	9,081	0.01	0	1,987	0.02
買入金銭債権	42	85,009	0.05	20	23,260	0.09
金銭の信託	44	504	8.77	293	7,333	4.00
有価証券	215,483	3,400,815	6.34	244,208	3,391,674	7.20
貸付金	24,365	359,976	6.77	31,242	410,926	7.60
土地・建物	7,763	210,223	3.69	5,693	207,706	2.74
金融派生商品	△37,182	−	−	△59,617	−	−
その他	6,350	−	−	2,905	−	−
合計	227,042	4,585,901	4.95	234,594	4,476,713	5.24

（注）1. 諸数値は，セグメント間の内部取引相殺前の金額です。

　　　2. 資産運用損益（実現ベース）は，連結損益計算書における「資産運用収益」および「積立保険料等運用益」の合計額から「資産運用費用」を控除した金額です。

　　　3. 平均運用額（取得原価ベース）は，原則として各月末残高（取得原価または償却原価）の平均に基づいて算出しています。ただし，コールローン，買現先勘定および買入金銭債権については，日々の残高（取得原価または償却原価）の平均に基づいて算出しています。

［国内生命保険事業］

　国内生命保険事業においては，経常収益は，前連結会計年度に比べて147億円減少し，6,996億円となりました。

　経常利益は，前連結会計年度に比べて178億円減少し，517億円となりました。国内生命保険事業における保険引受および資産運用の状況は，以下のとおりです。

a）保険引受業務

イ）保有契約高

区分	前連結会計年度 （2022年3月31日）		当連結会計年度 （2023年3月31日）	
	金額 （百万円）	対前年増減 （△）率（％）	金額 （百万円）	対前年増減 （△）率（％）
個人保険	28,711,080	△0.95	28,386,051	△1.13
個人年金保険	1,963,806	△4.48	1,878,882	△4.32
団体保険	1,978,781	△6.29	1,912,540	△3.35
団体年金保険	3,074	△0.73	2,768	△9.96

(point) 設備の新設，除却等の計画

　ここでは今後，会社がどの程度の設備投資を計画しているか知ることができる。毎期どれくらいの設備投資を行っているか確認すると，技術等での競争力維持に積極的な姿勢かどうか，どのセグメントを重要視しているか分かる。また景気が悪化したときは設備投資額を減らす傾向にある。

(注) 1. 諸数値は，セグメント間の内部取引相殺前の金額です。

2. 個人年金保険については，年金支払開始前契約の年金支払開始時における年金原資と年金支払開始後契約の責任準備金を合計したものです。

3. 団体年金保険については，責任準備金の金額です。

ロ） 新契約高

区分	前連結会計年度 （自 2021年4月1日 至 2022年3月31日）			当連結会計年度 （自 2022年4月1日 至 2023年3月31日）		
	新契約＋転換 による純増加 （百万円）	新契約 （百万円）	転換による 純増加 （百万円）	新契約＋転換 による純増加 （百万円）	新契約 （百万円）	転換による 純増加 （百万円）
個人保険	2,216,007	2,216,007	―	2,123,212	2,123,212	―
個人年金保険	―	―	―	―	―	―
団体保険	18,856	18,856	―	25,092	25,092	―
団体年金保険	―	―	―	―	―	―

(注) 1. 諸数値は，セグメント間の内部取引相殺前の金額です。

2. 新契約の個人年金保険の金額は，年金支払開始時における年金原資の額です。

3. 新契約の団体年金保険の金額は，第1回収入保険料です。

b） 資産運用業務

イ） 運用資産

区分	前連結会計年度 （2022年3月31日）		当連結会計年度 （2023年3月31日）	
	金額（百万円）	構成比（%）	金額（百万円）	構成比（%）
預貯金	62,773	0.67	74,581	0.85
有価証券	8,999,053	95.50	8,238,754	94.23
貸付金	231,505	2.46	254,472	2.91
土地・建物	912	0.01	833	0.01
運用資産計	9,294,245	98.63	8,568,641	98.00
総資産	9,423,469	100.00	8,743,102	100.00

(注) 諸数値は，セグメント間の内部取引相殺前の金額です。

(point) 株式の総数等

発行可能株式総数とは，会社が発行することができる株式の総数のことを指す。役員会では，株主総会の了承を得ないで，必要に応じてその株数まで，株を発行することができる。敵対的TOBでは，経営陣が，自社をサポートしてくれる側に，新株を第三者割り当てで発行して，買収を防止することがある。

ロ） 有価証券

区分	前連結会計年度 （2022年3月31日） 金額（百万円）	構成比（%）	当連結会計年度 （2023年3月31日） 金額（百万円）	構成比（%）
国債	7,941,635	88.25	7,130,635	86.55
地方債	4,811	0.05	5,610	0.07
社債	502,226	5.58	528,776	6.42
株式	155	0.00	151	0.00
外国証券	382,393	4.25	385,454	4.68
その他の証券	167,832	1.87	188,125	2.28
合計	8,999,053	100.00	8,238,754	100.00

(注) 諸数値は，セグメント間の内部取引相殺前の金額です。

ハ） 利回り

ｉ） 運用資産利回り（インカム利回り）

区分	前連結会計年度 （自 2021年4月1日 至 2022年3月31日） 収入金額 （百万円）	平均運用額 （百万円）	年利回り （%）	当連結会計年度 （自 2022年4月1日 至 2023年3月31日） 収入金額 （百万円）	平均運用額 （百万円）	年利回り （%）
預貯金	0	61,534	0.00	0	85,026	0.00
有価証券	105,577	8,628,882	1.22	105,631	8,254,471	1.28
貸付金	10,821	219,698	4.93	13,885	243,558	5.70
土地・建物	−	629	0.00	−	1,025	0.00
小計	116,398	8,910,745	1.31	119,517	8,584,081	1.39
その他	−	−	−	−	−	−
合計	116,398			119,517		

(注) 1. 諸数値は，セグメント間の内部取引相殺前の金額です。なお，保険業法第118条に規定する特別勘定に係る収入金額および平均運用額については，除外しています。

2. 収入金額は，連結損益計算書における「利息及び配当金収入」です。

3. 平均運用額は，原則として各月末残高（取得原価または償却原価）の平均に基づいて算出しています。

(point) **連結財務諸表等**

ここでは主に財務諸表の作成方法についての説明が書かれている。企業は大蔵省が定めた規則に従って財務諸表を作るよう義務付けられている。また金融商品法に従い，作成した財務諸表がどの監査法人によって監査を受けているかも明記されている。

ⅱ） 資産運用利回り（実現利回り）

区分	前連結会計年度 (自 2021年4月1日 至 2022年3月31日)			当連結会計年度 (自 2022年4月1日 至 2023年3月31日)		
	資産運用損益（実現ベース）（百万円）	平均運用額（取得原価ベース）（百万円）	年利回り（%）	資産運用損益（実現ベース）（百万円）	平均運用額（取得原価ベース）（百万円）	年利回り（%）
預貯金	60	61,534	0.10	61	85,026	0.07
有価証券	108,082	8,628,882	1.25	140,138	8,254,471	1.70
貸付金	10,816	219,698	4.92	13,822	243,558	5.68
土地・建物	−	629	0.00	−	1,025	0.00
金融派生商品	△3,601	−	−	△19,356	−	−
その他	−	−	−	−	−	−
合計	115,358	8,910,745	1.29	134,665	8,584,081	1.57

(注) 1. 諸数値は，セグメント間の内部取引相殺前の金額です。なお，保険業法第118条に規定する特別勘定に係る資産運用損益および平均運用額については，除外しています。

2. 資産運用損益（実現ベース）は，連結損益計算書における「資産運用収益」から「資産運用費用」を控除した金額です。

3. 平均運用額（取得原価ベース）は，原則として各月末残高（取得原価または償却原価）の平均に基づいて算出しています。

［海外保険事業］

　海外保険事業においては，経常収益は，前連結会計年度に比べて6,999億円増加し，2兆9,647億円となりました。経常利益は，前連結会計年度に比べて259億円減少し，1,595億円となりました。海外保険事業における保険引受および資産運用の状況は，以下のとおりです。

---

point 連結財務諸表

　ここでは貸借対照表（またはバランスシート，BS），損益計算書(PL)，キャッシュフロー計算書の詳細を調べることができる。あまり会計に詳しくない場合は，最低限，損益計算書の売上と営業利益を見ておけばよい。可能ならば，その数字が過去5年，10年の間にどのように変化しているか調べると会社への理解が深まるだろう。

a) 保険引受業務

イ) 正味収入保険料

区分	前連結会計年度 （自 2021年4月1日 至 2022年3月31日）			当連結会計年度 （自 2022年4月1日 至 2023年3月31日）		
	金額 （百万円）	構成比 （%）	対前年増減 （△）率（%）	金額 （百万円）	構成比 （%）	対前年増減 （△）率（%）
火災保険	268,462	18.90	19.64	379,239	19.86	41.26
海上保険	68,398	4.81	40.53	89,271	4.67	30.52
傷害保険	31,623	2.23	5.96	35,347	1.85	11.78
自動車保険	278,296	19.59	15.37	437,383	22.90	57.16
その他	773,867	54.47	24.74	968,777	50.72	25.19
合計	1,420,648	100.00	21.99	1,910,019	100.00	34.45

(注) 諸数値は，セグメント間の内部取引相殺前の金額です。

ロ) 正味支払保険金

区分	前連結会計年度 （自 2021年4月1日 至 2022年3月31日）			当連結会計年度 （自 2022年4月1日 至 2023年3月31日）		
	金額 （百万円）	構成比 （%）	対前年増減 （△）率（%）	金額 （百万円）	構成比 （%）	対前年増減 （△）率（%）
火災保険	149,966	22.42	29.48	153,486	18.25	2.35
海上保険	26,385	3.95	35.26	34,184	4.06	29.56
傷害保険	15,065	2.25	17.57	14,713	1.75	△2.33
自動車保険	148,923	22.27	6.76	223,401	26.56	50.01
その他	328,448	49.11	9.90	415,272	49.38	26.43
合計	668,789	100.00	14.03	841,058	100.00	25.76

(注) 諸数値は，セグメント間の内部取引相殺前の金額です。

b) 資産運用業務

イ) 運用資産

区分	前連結会計年度 (2022年3月31日)		当連結会計年度 (2023年3月31日)	
	金額（百万円）	構成比（%）	金額（百万円）	構成比（%）
預貯金	290,414	2.82	307,035	2.63
買入金銭債権	1,583,889	15.38	1,835,348	15.75
有価証券	4,712,188	45.76	4,951,147	42.48
貸付金	1,521,656	14.78	2,011,498	17.26
土地・建物	74,062	0.72	121,875	1.05
運用資産計	8,182,211	79.45	9,226,906	79.17
総資産	10,298,239	100.00	11,654,160	100.00

(注) 諸数値は，セグメント間の内部取引相殺前の金額です。

ロ) 利回り

ｉ) 運用資産利回り（インカム利回り）

区分	前連結会計年度 (自 2021年4月1日 至 2022年3月31日)			当連結会計年度 (自 2022年4月1日 至 2023年3月31日)		
	収入金額 （百万円）	平均運用額 （百万円）	年利回り （%）	収入金額 （百万円）	平均運用額 （百万円）	年利回り （%）
預貯金	1,885	299,932	0.63	3,071	298,727	1.03
買入金銭債権	55,205	1,395,272	3.96	90,030	1,759,258	5.12
有価証券	150,587	4,005,751	3.76	174,658	4,817,815	3.63
貸付金	91,914	1,354,823	6.78	140,078	1,767,610	7.92
土地・建物	787	68,800	1.14	1,000	97,969	1.02
小計	300,381	7,124,579	4.22	408,839	8,741,382	4.68
その他	1,133	—	—	2,088	—	—
合計	301,515	—	—	410,927	—	—

(注) 1. 諸数値は，セグメント間の内部取引相殺前の金額です。なお，連結貸借対照表における有価証券には持分法適用会社に対する株式が含まれていますが，平均運用額および年利回りの算定上は同株式を除外しています。

2. 収入金額は，連結損益計算書における「利息及び配当金収入」です。

3. 平均運用額は，期首・期末残高（取得原価または償却原価）の平均に基づいて算出しています。

ⅱ) 資産運用利回り（実現利回り）

区分	前連結会計年度 （自　2021年4月1日 至　2022年3月31日）			当連結会計年度 （自　2022年4月1日 至　2023年3月31日）		
	資産運用損益 （実現ベース） （百万円）	平均運用額 （取得原価 ベース） （百万円）	年利回り （%）	資産運用損益 （実現ベース） （百万円）	平均運用額 （取得原価 ベース） （百万円）	年利回り （%）
預貯金	330	299,932	0.11	31	298,727	0.01
買現先勘定	－	－	－	2,531	－	－
買入金銭債権	54,088	1,395,272	3.88	81,777	1,759,258	4.65
有価証券	177,482	4,005,751	4.43	142,084	4,817,815	2.95
貸付金	87,057	1,354,823	6.43	127,133	1,767,610	7.19
土地・建物	787	68,800	1.14	1,000	97,969	1.02
金融派生商品	1,683	－	－	△13,254	－	－
その他	9,944	－	－	2,466	－	－
合計	331,373	7,124,579	4.65	343,770	8,741,382	3.93

（注）1. 諸数値は，セグメント間の内部取引相殺前の金額です。なお，連結貸借対照表における有価証券には持分法適用会社に対する株式が含まれていますが，平均運用額および年利回りの算定上は同株式を除外しています。

2. 資産運用損益（実現ベース）は，連結損益計算書における「資産運用収益」から「資産運用費用」を控除した金額です。

3. 平均運用額（取得原価ベース）は，期首・期末残高（取得原価または償却原価）の平均に基づいて算出しています。

（参考）全事業の状況

a）　元受正味保険料（含む収入積立保険料） ··

区分	前連結会計年度 （自　2021年4月1日 至　2022年3月31日）			当連結会計年度 （自　2022年4月1日 至　2023年3月31日）		
	金額 （百万円）	構成比 （%）	対前年増減 （△）率(%)	金額 （百万円）	構成比 （%）	対前年増減 （△）率(%)
火災保険	926,362	20.39	12.23	1,097,688	21.39	18.49
海上保険	176,248	3.88	28.54	218,315	4.25	23.87
傷害保険	276,149	6.08	2.80	288,737	5.63	4.56
自動車保険	1,536,050	33.81	3.64	1,665,800	32.46	8.45
自動車損害賠償責任保険	220,727	4.86	△7.36	223,400	4.35	1.21
その他	1,407,059	30.97	15.41	1,637,835	31.92	16.40
合計	4,542,598	100.00	8.92	5,131,778	100.00	12.97
（うち収入積立保険料）	(63,091)	(1.39)	(△3.12)	(50,480)	(0.98)	(△19.99)

（注）1. 諸数値は，セグメント間の内部取引相殺後の金額です。

2. 元受正味保険料（含む収入積立保険料）とは，元受保険料から元受解約返戻金および元受その他返戻金を控除したものです（積立型保険の積立保険料を含みます。）。

b) 正味収入保険料

区分	前連結会計年度 （自 2021年4月1日 至 2022年3月31日）			当連結会計年度 （自 2022年4月1日 至 2023年3月31日）		
	金額 （百万円）	構成比 （%）	対前年増減 （△）率(%)	金額 （百万円）	構成比 （%）	対前年増減 （△）率(%)
火災保険	651,754	16.76	8.45	817,805	18.30	25.48
海上保険	141,964	3.65	28.94	174,291	3.90	22.77
傷害保険	205,548	5.29	4.34	227,923	5.10	10.89
自動車保険	1,514,695	38.96	3.23	1,666,353	37.28	10.01
自動車損害賠償責任保険	232,657	5.98	△8.14	225,269	5.04	△3.18
その他	1,141,201	29.35	16.70	1,358,345	30.39	19.03
合計	3,887,821	100.00	7.80	4,469,989	100.00	14.97

(注) 諸数値は，セグメント間の内部取引相殺後の金額です。

c) 正味支払保険金

区分	前連結会計年度 （自 2021年4月1日 至 2022年3月31日）			当連結会計年度 （自 2022年4月1日 至 2023年3月31日）		
	金額 （百万円）	構成比 （%）	対前年増減 （△）率(%)	金額 （百万円）	構成比 （%）	対前年増減 （△）率(%)
火災保険	373,153	19.08	9.02	427,226	18.63	14.49
海上保険	66,158	3.38	15.15	73,482	3.20	11.07
傷害保険	96,257	4.92	3.11	116,804	5.09	21.35
自動車保険	750,399	38.38	3.04	888,330	38.74	18.38
自動車損害賠償責任保険	171,063	8.75	△8.49	157,832	6.88	△7.73
その他	498,275	25.48	9.55	629,573	27.45	26.35
合計	1,955,306	100.00	4.95	2,293,251	100.00	17.28

(注) 諸数値は，セグメント間の内部取引相殺後の金額です。

② キャッシュ・フローの状況

当連結会計年度のキャッシュ・フローの状況は，以下のとおりです。

営業活動によるキャッシュ・フローは，保険金支払の増加等により，前連結会計年度に比べて946億円収入が減少し，1兆75億円の収入となりました。投資活動によるキャッシュ・フローは，有価証券の売却・償還による収入の増加等により，前連結会計年度に比べて6,836億円収入が増加し，181億円の収入となりました。財務活動によるキャッシュ・フローは，資金調達目的の債券貸借取引受入担保金の純増減額の減少等により，前連結会計年度に比べて5,045億円支出

が増加し，1兆92億円の支出となりました。

　これらの結果，当連結会計年度末の現金及び現金同等物の残高は，前連結会計年度末より731億円増加し，9,853億円となりました。

③　生産，受注及び販売の実績

　保険持株会社としての業務の特性から，該当する情報がないので記載していません。

(2)　経営者の視点による経営成績等の状況に関する分析・検討内容 …………

　経営者の視点による当社グループの経営成績等の状況に関する認識および分析・検討内容は，次のとおりです。

　なお，本項に含まれる将来に関する事項は，当連結会計年度末現在において当社グループが判断したものです。

① 　重要な会計上の見積り及び当該見積りに用いた仮定

　当社の連結財務諸表は，わが国において一般に公正妥当と認められる企業会計の基準に準拠して作成しています。その作成には，経営者による会計方針の選択適用，合理的な見積りを必要としますが，実際には見積りと異なる結果となることもあります。

　当社の連結財務諸表で採用する重要な会計方針は，第5　経理の状況の「連結財務諸表作成のための基本となる重要な事項」に記載していますが，特に以下の重要な会計方針および見積りが連結財務諸表に大きな影響を及ぼすと考えています。

a）　金融商品の時価の算定方法

　　有価証券，デリバティブ取引等について，時価の算定は原則として市場価格に基づいていますが，一部の市場価格のない有価証券，デリバティブ取引等については，将来キャッシュ・フローの現在価値や契約期間等の構成要素に基づく合理的な見積りによって算出された価額等を時価としています。

b）　有価証券の減損処理

　　売買目的有価証券以外の有価証券について，時価または実質価額が取得原価に比べて著しく下落した場合，回復する見込みがあると認められるものを除き，減損処理を行っています。なお，その他有価証券（市場価格のない株式等

を除く。）については，連結会計年度末の時価が取得原価に比べて30％以上下落した場合に減損処理を行っています。

c) 固定資産の減損処理

収益性の低下により投資額の回収が見込めなくなった固定資産については，一定の条件の下で回収可能性を反映させるように，帳簿価額を減額する会計処理を行っています。資産または資産グループの回収可能価額は，正味売却価額（資産または資産グループの時価から処分費用見込額を控除して算定される価額）と使用価値（資産または資産グループの継続的使用と使用後の処分によって生ずると見込まれる将来キャッシュ・フローの現在価値）のいずれか高い方の金額であることから，固定資産の減損損失の金額は合理的な仮定および予測に基づく将来キャッシュ・フローの見積りに依存しています。従って，固定資産の使用方法を変更した場合，不動産取引相場や賃料相場等が変動した場合およびのれんが認識された取引において取得した事業の状況に変動が生じた場合には，新たに減損損失が発生する可能性があります。

d) 繰延税金資産

繰延税金資産の回収可能性の判断に際して，将来の課税所得を合理的に見積っています。将来の課税所得は過去の業績等に基づいて見積っているため，将来において当社グループを取り巻く環境に大きな変化があった場合，税制改正によって法定実効税率が変更された場合等においては，繰延税金資産の回収可能額が変動する可能性があります。

e) 貸倒引当金

債権の貸倒れによる損失に備えて，回収不能見積額を貸倒引当金として計上していますが，貸付先の財務状況が変化した場合には，貸倒損失や貸倒引当金の計上額が，当初の見積額から変動する可能性があります。

f) 支払備金

保険契約に基づいて支払義務が発生したと認められる保険金等のうち，未だ支払っていない金額を見積り，支払備金として積み立てています。このうち既発生未報告の支払備金については，主に統計的見積法により算出しています。各事象の将来における状況変化，為替変動の影響等により，支払備金の計上額

が，当初の見積額から変動する可能性があります。

g）　責任準備金等

　　保険契約に基づく将来における債務の履行に備えるため，責任準備金等を積み立てています。当初想定した環境や条件等が大きく変化し，責任準備金等を上回る支払が発生する可能性があります。

h）　退職給付債務等

　　退職給付費用および退職給付債務は，連結会計年度末時点の制度を前提とし，割引率や長期期待運用収益率，将来の退職率および死亡率等，一定の前提条件に基づいて計算しています。実際の結果がこれらの前提条件と異なる場合，また前提条件を変更する必要が生じた場合には，将来の退職給付費用および退職給付債務は変動する可能性があります。

② 　財政状態及び経営成績の状況に関する認識及び分析・検討内容

　　当連結会計年度における当社グループの財政状態及び経営成績の状況に関する認識及び分析・検討内容については，以下のとおりです。なお，当社グループの課題認識および経営成績に重要な影響を与えるリスクについては，「第2　事業の状況　1　経営方針，経営環境及び対処すべき課題等　（2）　経営環境及び対処すべき課題」および「第2　事業の状況　3　事業等のリスク」に記載のとおりです。

a ）　経営成績の分析

　　当連結会計年度の状況については，以下のとおりであります。

連結主要指標

(単位：百万円)

	前連結会計年度 （自　2021年4月1日 至　2022年3月31日）	当連結会計年度 （自　2022年4月1日 至　2023年3月31日）	増減	増減率
経常収益	5,863,770	6,648,600	784,829	13.4%
正味収入保険料	3,887,821	4,469,989	582,167	15.0%
生命保険料	996,288	1,071,645	75,357	7.6%
経常利益	567,413	503,907	△63,506	△11.2%
親会社株主に帰属する 当期純利益	420,484	376,447	△44,036	△10.5%
修正純利益	578,304	444,098	△134,206	△23.2%

　　経常収益は，前連結会計年度に比べて7,848億円増加し，6兆6,486億円となりました。

経常利益は，国内損害保険事業において，自然災害や自動車事故の増加等により発生保険金（正味支払保険金と支払備金繰入額の合計。以下同じ。）が増加したことや，海外保険事業において，台湾に所在する持分法適用会社に起因して持分法による投資損失が増加したこと等により，前連結会計年度に比べて635億円減少し，5,039億円となりました。

　経常利益に特別利益，特別損失，法人税等合計などを加減した親会社株主に帰属する当期純利益は，前連結会計年度に比べて440億円減少し，3,764億円となりました。

　また，親会社株主に帰属する当期純利益から保険事業特有の各種準備金の影響や資産の売却・評価損益等の当該年度の特殊要因を控除した修正純利益（グループ全体の業績を示す管理会計上の経営指標）は，前連結会計年度に比べて1,342億円減少し，4,440億円となりました。

　報告セグメント別の状況は，以下のとおりです。

[国内損害保険事業]

　国内損害保険事業において，東京海上日動火災保険株式会社は，社会課題の解決を通じた成長を果たすべく，「新たなマーケット創造」，「お客様ニーズに応える商品・サービスの提供」，「損害サービス力のさらなる強化」および「保険本業の収益力強化」に取り組み，積極的に事業を推進しました。

　「新たなマーケット創造」および「お客様ニーズに応える商品・サービスの提供」の取組みとして，民間企業による月面探査という新たな挑戦を支援するため，宇宙保険のノウハウを活用し，月面探査専用の保険「月保険」を開発しました。また，地球温暖化や気候変動を背景に再生可能エネルギー事業への期待が高まるなか，洋上風力発電事業の発展を支えるため，発電事業者向けの保険に加え，工事請負業者や部品サプライヤー向けの保険を開発しました。さらに，糖尿病患者が年々増加し今や国民病のひとつともいわれるなか，糖尿病重症化予防を支援するため，日々の健康管理や予防プログラムを提供する保険を開発しました。

　「損害サービス力のさらなる強化」に向け，デジタル技術を活用した自然災害対応力の強化に取り組みました。自然災害の被害状況を早期に把握し，お客様に迅速に保険金をお支払いできるよう，衛星の製造や衛星画像解析等を一貫して行う

技術を有する海外の企業と提携を開始し，天候や昼夜を問わず高精度かつ高頻度に地球を観測する技術を損害サービスに活用しました。また，本技術から得られた情報を被災地でボランティア活動を行う団体に提供し，その活動を支援しました。

「保険本業の収益力強化」に向け，DX（デジタルトランスフォーメーション）を通じて業務効率化を図るとともに，車両使用年数の長期化等を踏まえ，車両故障に対する補償を新設する等，自動車保険の補償やサービスを拡充しました。また，自然災害が多発・激甚化するなかでも安定的に火災保険制度を運営していくために，同保険の補償内容および料率の見直しを行いました。

上記のとおり事業に取り組んだ結果，正味収入保険料は，前連結会計年度に比べて927億円増加し，2兆5,600億円となりました。経常利益は，自然災害や自動車事故の増加等により発生保険金が増加したことを主因として，前連結会計年度に比べて180億円減少し，2,845億円となりました。

（単位：百万円）

	前連結会計年度 （自　2021年4月1日 至　2022年3月31日）	当連結会計年度 （自　2022年4月1日 至　2023年3月31日）	増減	増減率
正味収入保険料	2,467,227	2,560,025	92,797	3.8%
経常利益	302,684	284,594	△18,089	△6.0%

[国内生命保険事業]

国内生命保険事業において，東京海上日動あんしん生命保険株式会社は，強みである生損一体のビジネスモデルを活かしつつ，就業不能や介護等の分野への保障を提供する「生存保障革命」を推進しています。

「生存保障革命」の一環として2022年2月に発売した「あんしんがん治療保険」がご好評をいただいています。同保険では，高額となる可能性のあるがんの最新治療等に対応できるよう最大1億円の保障を追加することが可能です。また，変額保険「マーケットリンク」の新シリーズ「マーケットリンク　プロテクト」を2022年8月に発売しました。同保険では，保障や資産形成の機能はそのままに，重篤な疾病で所定の状態に該当された後の保険料のお支払いを不要とすることで，長寿社会における社会課題である豊かな老後のための計画的な資産形成をよ

り強力にサポートします。

　各国における金融政策転換等によって，市場・経済環境の不確実性が増しているなか，資産と負債の総合管理（ALM）を基本とした資産運用に継続的に取り組む等，適切な金利リスクコントロールに努めました。

　上記のとおり事業に取り組んだ結果，生命保険料は，「マーケットリンク」等の販売が好調であった一方で，事業保険の解約が増加したこと等により，前連結会計年度に比べて541億円減少し，5,134億円となりました。経常利益は，前連結会計年度に比べて178億円減少し，517億円となりました。

（単位：百万円）

	前連結会計年度 （自　2021年4月1日 至　2022年3月31日）	当連結会計年度 （自　2022年4月1日 至　2023年3月31日）	増減	増減率
生命保険料	567,545	513,442	△54,102	△9.5%
経常利益	69,579	51,749	△17,830	△25.6%

［海外保険事業］

　海外保険事業においては，グループ全体のグローバルな成長と分散の効いたポートフォリオの構築を実現すべく，持続的な内部成長と戦略的なM&Aを取組みの両輪としています。また，グループ各社の優れたノウハウを相互に活用し，保険料収入の拡大，資産運用の高度化，業務効率の向上等のシナジー実現にも幅広く取り組みました。

　世界中の各拠点が着実な事業の成長実現をめざし，新たな保険商品の拡充や市場環境を踏まえた保険料率の見直し等による保険引受利益の拡大に取り組みました。また，資産運用面でも，金利上昇のタイミングを的確に捉えた運用を行うことで好成績を上げることができました。これらの結果として，北米の主要3社（Philadelphia Consolidated Holding Corp., Delphi Financial Group, Inc., およびHCC Insurance Holdings, Inc.）は2年連続で過去最高益を更新しました。

　成長戦略の一環として自社の既存事業を強化するために主要な海外グループ会社が実施する「ボルトオンM&A」に加え，規律をもった事業売却にも継続的に取り組んできました。過去からのこうした取組みの積重ねが当連結会計年度の当社の連結業績にも貢献しています。

上記のとおり事業に取り組んだ結果，正味収入保険料は，前連結会計年度に比べて4,893億円増加し，1兆9,100億円となりました。生命保険料は，前連結会計年度に比べて1,294億円増加し，5,582億円となりました。経常利益は，円安により円換算後の海外グループ会社の利益が増加したことや，北米の子会社を中心に保険引受および資産運用がともに好調であった一方で，台湾に所在する持分法適用会社において，新型コロナウイルスの感染拡大による発生保険金の増加により，持分法による投資損失が増加したことを主因として，前連結会計年度に比べて259億円減少し，1,595億円となりました。

(単位：百万円)

	前連結会計年度 （自　2021年4月1日 至　2022年3月31日）	当連結会計年度 （自　2022年4月1日 至　2023年3月31日）	増減	増減率
正味収入保険料	1,420,648	1,910,019	489,371	34.4%
生命保険料	428,748	558,209	129,460	30.2%
経常利益	185,526	159,545	△25,981	△14.0%

b）　財政状態の分析
イ）　連結ソルベンシー・マージン比率

　当社は，保険業法施行規則第210条の11の3および第210条の11の4ならびに平成23年金融庁告示第23号の規定に基づき，連結ソルベンシー・マージン比率を算出しています。

　当社グループの子会社では，損害保険事業，生命保険事業や少額短期保険業を営んでいます。保険会社グループは，保険金の支払等に備えて準備金を積み立てていますが，巨大災害の発生や資産の大幅な価格下落等，通常の予測を超える危険が発生した場合でも，十分な支払能力を保持しておく必要があります。こうした「通常の予測を超える危険」を示す「連結リスクの合計額」（下表の（B)）に対する「保険会社グループが保有している資本金・準備金等の支払余力」（すなわち連結ソルベンシー・マージン総額：下表の（A)）の割合を示すために計算された指標が，「連結ソルベンシー・マージン比率」（下表の（C)）です。

　連結ソルベンシー・マージン比率の計算対象となる範囲は，連結財務諸表の取扱いと同一ですが，保険業法上の子会社（議決権が50%超の子会社）については，

計算対象に含めています。

　連結ソルベンシー・マージン比率は，行政当局が保険会社グループを監督する際に活用する客観的な判断指標のひとつですが，その数値が200％以上であれば「保険金等の支払能力の充実の状況が適当である」とされています。

　当連結会計年度末の連結ソルベンシー・マージン比率は，前連結会計年度末と比べて199.8ポイント低下して627.5％となりました。これは，その他有価証券評価差額金の減少による連結ソルベンシー・マージン総額の減少が主因です。

（単位：百万円）

	前連結会計年度 （2022年3月31日）	当連結会計年度 （2023年3月31日）
(A) 連結ソルベンシー・マージン総額	5,953,649	4,947,004
(B) 連結リスクの合計額	1,439,272	1,576,526
(C) 連結ソルベンシー・マージン比率 〔(A)／｛(B)×1/2｝〕×100	827.3%	627.5%

ロ）　国内保険会社の単体ソルベンシー・マージン比率

　国内保険会社は，保険業法施行規則第86条および第87条ならびに平成8年大蔵省告示第50号の規定に基づき，単体ソルベンシー・マージン比率を算出しています。

　保険会社は，保険金の支払等に備えて準備金を積み立てていますが，巨大災害の発生や資産の大幅な価格下落等，通常の予測を超える危険が発生した場合でも，十分な支払能力を保持しておく必要があります。こうした「通常の予測を超える危険」を示す「単体リスクの合計額」（下表の (B)）に対する「保険会社が保有している資本金・準備金等の支払余力」（すなわち単体ソルベンシー・マージン総額：下表の(A)）の割合を示すために計算された指標が，「単体ソルベンシー・マージン比率」（下表の (C)）です。

　単体ソルベンシー・マージン比率は，行政当局が保険会社を監督する際に活用する客観的な判断指標のひとつですが，その数値が200％以上であれば「保険金等の支払能力の充実の状況が適当である」とされています。

　当事業年度末の国内保険会社の単体ソルベンシー・マージン比率は，以下のとおりとなっています。東京海上日動火災保険株式会社については，前事業年度末

---

point　財務諸表

　　この項目では，連結ではなく単体の貸借対照表と，損益計算書の内訳を確認することができる。連結＝単体＋子会社なので，会社によっては単体の業績を調べて連結全体の業績予想のヒントにする場合があるが，あまりその必要性がある企業は多くない。

と比べて15.6ポイント上昇して858.9％となりました。これは，巨大災害リスク相当額の減少による単体リスクの合計額の減少が主因です。

ⅰ）東京海上日動火災保険株式会社

（単位：百万円）

	前事業年度 （2022年3月31日）	当事業年度 （2023年3月31日）
(A) 単体ソルベンシー・マージン総額	5,384,523	5,287,626
(B) 単体リスクの合計額	1,276,937	1,231,234
(C) 単体ソルベンシー・マージン比率 　［(A)／｛(B)×1/2｝］×100	843.3％	858.9％

ⅱ）日新火災海上保険株式会社

（単位：百万円）

	前事業年度 （2022年3月31日）	当事業年度 （2023年3月31日）
(A) 単体ソルベンシー・マージン総額	15,484	12,988
(B) 単体リスクの合計額	4,784	4,666
(C) 単体ソルベンシー・マージン比率 　［(A)／｛(B)×1/2｝］×100	647.2％	556.6％

ⅲ）イーデザイン損害保険株式会社

（単位：百万円）

	前事業年度 （2022年3月31日）	当事業年度 （2023年3月31日）
(A) 単体ソルベンシー・マージン総額	648,429	555,469
(B) 単体リスクの合計額	114,913	106,044
(C) 単体ソルベンシー・マージン比率 　［(A)／｛(B)×1/2｝］×100	1,128.5％	1,047.6％

ⅳ）東京海上日動あんしん生命保険株式会社

（単位：百万円）

	前事業年度 （2022年3月31日）	当事業年度 （2023年3月31日）
(A) 単体ソルベンシー・マージン総額	648,429	555,469
(B) 単体リスクの合計額	114,913	106,044
(C) 単体ソルベンシー・マージン比率 　［(A)／｛(B)×1/2｝］×100	1,128.5％	1,047.6％

c） 資金の流動性に係る情報

　当社グループの短期的な資金需要として，主に日々の保険金の支払等がありますが，強固なリスク管理態勢の下で保険事業を運営し，安定的にプラスの営業キャッシュ・フローを確保することにより，十分な流動性を保持しています。また，大規模自然災害による大口の支払や市場の混乱等により資金繰りが悪化する局面に備え，流動性の高い債券を保有すること等により，適切な流動性管理を行っています。

　事業投資等の中長期的な資金需要に対しては，グループ内の自己資金を活用するほか，外部からの資金調達を行う等，資金需要の性質に応じて適切な資金源を確保しています。

d） 目標とする経営指標の分析

　「第2　事業の状況　1　経営方針，経営環境及び対処すべき課題等　（1）　経営方針　③　目標とする経営指標等」に記載のとおりです。

設備の状況

1 設備投資等の概要

当社グループは，顧客サービスの充実，業務の効率化等を目的として設備投資を行っており，その主な内容はソフトウエアに関するものです。当連結会計年度の設備投資の内訳は，以下のとおりです。

事業セグメント	金額 （百万円）
国内損害保険事業	91,763
国内生命保険事業	6,967
海外保険事業	27,653
金融・その他事業	938
合計	127,323

2 主要な設備の状況

当社および連結子会社における主要な設備は，以下のとおりであります。

（1） 提出会社 ··

（2023 年 3 月 31 日現在）

会社名	店名 （所在地）	セグメントの 名称	帳簿価額 （百万円）				従業員数 （人）	賃借料 （百万円）
			土地 （面積㎡）	建物	動産	ソフトウ エア		
東京海上ホールディングス 株式会社	本社 （東京都千代田区）	持株会社	− （−）	−	63	2,556	971	−

（2）　国内子会社

会社名	店名 （所在地）	セグメントの 名称	帳簿価額 （百万円）				従業員数 （人）	賃借料 （百万円）
			土地 （面積㎡）	建物	動産	ソフトウェア		
東京海上日動火災保険株式 会社	本社 （東京都千代田区）	国内損害保険 事業	61,065 (136,932)	60,798	24,144	128,281	16,645	12,017
日新火災海上保険株式会社	本社 （東京都千代田区）	国内損害保険 事業	9,943 (18,760)	7,498	1,350	5,235	2,078	1,408
イーデザイン損害保険株式 会社	本社 （東京都新宿区）	国内損害保険 事業	— (—)	103	54	9,074	317	265
東京海上日動あんしん生命 保険株式会社	本社 （東京都千代田区）	国内生命保険 事業	— (—)	833	489	15,979	2,229	1,959
東京海上ミレア少額短期保 険株式会社	本社 （横浜市西区）	国内損害保険 事業	— (—)	13	28	171	108	93
東京海上アセットマネジメ ント株式会社	本社 （東京都千代田区）	金融・その他 事業	— (—)	307	125	344	363	468

（3）　在外子会社

会社名	店名 （所在地）	セグメントの 名称	帳簿価額 （百万円）				従業員数 （人）	賃借料 （百万円）
			土地 （面積㎡）	建物	動産	ソフトウェア		
Tokio Marine North America, Inc.	本社 （米国・デラウェア 州・ウィルミントン）	海外保険事業	— (—)	3,899	822	3,026	461	426
Philadelphia Consolidated Holding Corp.	本社 （米国・ペンシルバニ ア州・バラキンウィッ ド）	海外保険事業	— (—)	12,374	534	14,139	1,858	1,760
Delphi Financial Group, Inc.	本社 （米国・デラウェア 州・ウィルミントン）	海外保険事業	569 (71,876)	19,307	4,510	20,432	3,011	2,625
HCC Insurance Holdings, Inc.	本社 （米国・デラウェア 州・ウィルミントン）	海外保険事業	592 (63,600)	12,725	6,808	9,228	3,787	3,416
Privilege Underwriters, Inc.	本社 （米国・デラウェア 州・ウィルミントン）	海外保険事業	— (—)	2,146	588	4,837	1,057	803
Tokio Marine Kiln Group Limited	本社 （英国・ロンドン）	海外保険事業	— (—)	4,814	481	2,512	705	—
Tokio Marine Asia Pte. Ltd.	本社 （シンガポール・シン ガポール）	海外保険事業	— (—)	508	102	33	85	—
Tokio Marine Life Insurance Singapore Ltd.	本社 （シンガポール・シン ガポール）	海外保険事業	2,050 (214)	960	180	564	250	—
Tokio Marine Seguradora S.A.	本社 （ブラジル・サンパウ ロ）	海外保険事業	234 (4,660)	1,212	586	311	2,251	316

（注）1. 上記はすべて営業用設備です。

2. 建物および動産には，リース資産の金額を含めて記載しています。
3. 建物の一部を賃借しています。
4. Tokio Marine North America, Inc., Philadelphia Consolidated Holding Corp., Delphi Financial Group, Inc., HCC Insurance Holdings, Inc., Privilege Underwriters, Inc.および Tokio Marine Kiln Group Limitedについては，各社の子会社の数値を含めて記載しています。
5. 上記の他，主要な賃貸用設備として以下のものがあります。

会社名	設備名	帳簿価額 （百万円）	
		土地 （面積㎡）	建物
東京海上日動火災保険株式会社	大阪東京海上日動ビルディング （大阪市中央区）	4,032 (5,483)	2,357
	シーノ大宮サウスウィング （さいたま市大宮区）	3,752 (2,617)	2,679
	ラ・メール三番町 （東京都千代田区）	3,686 (2,069)	2,283
	みなとみらいビジネススクエア （横浜市西区）	2,545 (1,588)	1,491
	大手町ファーストスクエア （東京都千代田区）	12 (844)	1,378

3 設備の新設，除却等の計画

2023年3月31日現在の重要な設備の新設，除却等の計画は，以下のとおりです。

（1）新設 ··

会社名 設備名	所在地	セグメントの名称	内容	投資予定金額		資金調達方法	着手および完了予定年月	
				総額 （百万円）	既支払額 （百万円）		着手	完了
東京海上日動火災保険株式会社 （仮称）東京海上ビルディング	東京都千代田区	国内損害保険事業	建替	未定	3,706	自己資金	2024年12月	2028年度

（2）改修 ··

該当事項はありません。

（3）売却 ··

該当事項はありません。

提出会社の状況

1 株式等の状況

(1) 株式の総数等 ···

① 株式の総数

種類	発行可能株式総数 (株)
普通株式	8,000,000,000
計	8,000,000,000

② 発行済株式

種類	事業年度末（2023年3月31日）現在発行数（株）	提出日（2023年6月23日）現在発行数（株）	上場金融商品取引所名又は登録認可金融商品取引業協会名	内容
普通株式	2,002,500,000	2,002,500,000	東京証券取引所プライム市場	単元株式数 100株
計	2,002,500,000	2,002,500,000	－	－

経理の状況

1. 連結財務諸表及び財務諸表の作成方法について ‥‥‥‥‥‥‥‥‥‥‥‥‥

(1) 当社の連結財務諸表は，「連結財務諸表の用語，様式及び作成方法に関する規則」（昭和51年大蔵省令第28号。以下「連結財務諸表規則」という。）ならびに同規則第46条および第68条の規定に基づき「保険業法施行規則」（平成8年大蔵省令第5号）に準拠して作成しています。

(2) 当社の財務諸表は，「財務諸表等の用語，様式及び作成方法に関する規則」（昭和38年大蔵省令第59号）に基づいて作成しています。

2. 監査証明について ‥‥‥‥‥‥‥‥‥‥‥‥‥‥‥‥‥‥‥‥‥‥‥‥‥‥‥‥‥

当社は，金融商品取引法第193条の2第1項の規定に基づき，連結会計年度（自2022年4月1日　至　2023年3月31日）の連結財務諸表および事業年度（自2022年4月1日　至　2023年3月31日）の財務諸表について，PwCあらた有限責任監査法人による監査を受けています。

3. 連結財務諸表等の適正性を確保するための特段の取組みについて ‥‥‥‥‥

当社は，連結財務諸表等の適正性を確保するための特段の取組みを行っています。具体的には，会計基準等の内容を適切に把握し，会計基準等の変更等について的確に対応することができる体制を整備するため，公益財団法人財務会計基準機構へ加入し，監査法人等が主催する研修会への参加および会計専門書の定期購読を行っています。

（1）【連結財務諸表】 ‥‥‥‥‥‥‥‥‥‥‥‥‥‥‥‥‥‥‥‥‥‥‥‥‥

① 【連結貸借対照表】

（単位：百万円）

	前連結会計年度 （2022年3月31日）	当連結会計年度 （2023年3月31日）
資産の部		
現金及び預貯金	※4 848,819	※4 871,993
買現先勘定	3,999	999
買入金銭債権	※4 1,630,523	※4 1,863,824
金銭の信託	－	8,000
有価証券	※2,※4,※6 19,288,018	※2,※4,※6 18,489,522
貸付金	※3,※4,※7 2,008,708	※3,※4,※7 2,576,124
有形固定資産	※1 344,703	※1 399,817
土地	133,930	132,547
建物	155,392	204,194
建設仮勘定	5,650	4,919
その他の有形固定資産	49,729	58,155
無形固定資産	1,082,579	1,165,860
ソフトウエア	157,580	224,927
のれん	453,433	428,601
その他の無形固定資産	471,565	512,330
その他資産	1,996,932	2,262,950
退職給付に係る資産	4,523	3,717
繰延税金資産	46,252	77,800
支払承諾見返	1,878	1,759
貸倒引当金	△11,089	△22,876
資産の部合計	27,245,852	27,699,816
負債の部		
保険契約準備金	19,246,028	20,807,869
支払備金	※4 3,609,687	※4 4,287,286
責任準備金等	※4 15,636,341	※4 16,520,582
社債	219,795	222,811
その他負債	2,945,481	2,376,340
債券貸借取引受入担保金	1,157,261	461,324
その他の負債	※4,※10 1,788,219	※4,※10 1,915,015
退職給付に係る負債	259,198	255,437
賞与引当金	85,893	97,559
株式給付引当金	3,410	3,401
特別法上の準備金	138,331	132,394
価格変動準備金	138,331	132,394
繰延税金負債	264,754	137,746
負ののれん	8,453	6,645
支払承諾	1,878	1,759
負債の部合計	23,173,226	24,041,966

（単位：百万円）

	前連結会計年度 （2022年3月31日）	当連結会計年度 （2023年3月31日）
純資産の部		
株主資本		
資本金	150,000	150,000
利益剰余金	1,954,445	2,042,054
自己株式	△13,179	△28,056
株主資本合計	2,091,265	2,163,998
その他の包括利益累計額		
その他有価証券評価差額金	1,835,605	954,650
繰延ヘッジ損益	△1,551	△8,755
為替換算調整勘定	110,335	535,662
退職給付に係る調整累計額	△15,011	△14,471
その他の包括利益累計額合計	1,929,376	1,467,085
新株予約権	33	33
非支配株主持分	51,949	26,731
純資産の部合計	4,072,625	3,657,849
負債及び純資産の部合計	27,245,852	27,699,816

② 【連結損益計算書及び連結包括利益計算書】

【連結損益計算書】

(単位：百万円)

	前連結会計年度 (自 2021年4月1日 至 2022年3月31日)	当連結会計年度 (自 2022年4月1日 至 2023年3月31日)
経常収益	5,863,770	6,648,600
保険引受収益	4,988,607	5,634,811
正味収入保険料	3,887,821	4,469,989
収入積立保険料	63,091	50,480
積立保険料等運用益	34,238	32,893
生命保険料	996,288	1,071,645
その他保険引受収益	7,167	9,802
資産運用収益	738,186	875,494
利息及び配当金収入	560,082	690,474
金銭の信託運用益	44	293
売買目的有価証券運用益	22,553	－
有価証券売却益	131,947	184,521
有価証券償還益	3,962	2,932
特別勘定資産運用益	13,533	－
その他運用収益	40,301	30,164
積立保険料等運用益振替	△34,238	△32,893
その他経常収益	136,976	138,295
負ののれん償却額	10,229	1,807
その他の経常収益	126,747	136,487
経常費用	5,296,357	6,144,693
保険引受費用	4,184,455	4,666,080
正味支払保険金	1,955,306	2,293,251
損害調査費	※1 160,775	※1 171,018
諸手数料及び集金費	※1 748,881	※1 850,155
満期返戻金	180,516	153,472
契約者配当金	3	2
生命保険金等	436,693	521,666
支払備金繰入額	219,809	297,831
責任準備金等繰入額	477,046	373,599
その他保険引受費用	5,421	5,081
資産運用費用	88,364	203,996
売買目的有価証券運用損	－	4,578
有価証券売却損	23,326	63,483
有価証券評価損	13,176	15,816
有価証券償還損	2,069	1,292
金融派生商品費用	38,946	92,197
特別勘定資産運用損	－	2,369
その他運用費用	10,845	24,259
営業費及び一般管理費	※1 1,002,477	※1 1,135,646

	前連結会計年度 （自　2021年4月1日 至　2022年3月31日）	当連結会計年度 （自　2022年4月1日 至　2023年3月31日）
その他経常費用	21,060	138,970
支払利息	8,398	13,953
貸倒引当金繰入額	71	11,646
貸倒損失	339	394
持分法による投資損失	3,034	104,887
その他の経常費用	9,215	8,088
経常利益	567,413	503,907
特別利益	3,470	34,035
固定資産処分益	3,470	7,840
特別法上の準備金戻入額	－	5,936
価格変動準備金戻入額	－	5,936
その他特別利益	－	※2 20,258
特別損失	16,611	8,584
固定資産処分損	3,374	4,616
減損損失	764	※3 3,740
特別法上の準備金繰入額	10,324	－
価格変動準備金繰入額	10,324	－
その他特別損失	※4 2,148	228
税金等調整前当期純利益	554,272	529,358
法人税及び住民税等	180,191	176,548
法人税等調整額	△36,333	3,179
法人税等合計	143,858	179,727
当期純利益	410,414	349,630
非支配株主に帰属する当期純損失（△）	△10,070	△26,817
親会社株主に帰属する当期純利益	420,484	376,447

【連結包括利益計算書】

	前連結会計年度 （自　2021年4月1日 至　2022年3月31日）	当連結会計年度 （自　2022年4月1日 至　2023年3月31日）
当期純利益	410,414	349,630
その他の包括利益		
その他有価証券評価差額金	△79,398	△890,153
繰延ヘッジ損益	△4,339	△7,203
為替換算調整勘定	258,238	437,698
退職給付に係る調整額	△1,295	562
持分法適用会社に対する持分相当額	7,161	△6,947
その他の包括利益合計	※ 180,366	※ △466,042
包括利益	590,780	△116,412
（内訳）		
親会社株主に係る包括利益	601,393	△85,843
非支配株主に係る包括利益	△10,613	△30,569

③ 【連結株主資本等変動計算書】

前連結会計年度（自　2021年4月1日　至　2022年3月31日）

（単位：百万円）

	株主資本			
	資本金	利益剰余金	自己株式	株主資本合計
当期首残高	150,000	1,788,764	△23,211	1,915,553
当期変動額				
剰余金の配当		△151,661		△151,661
親会社株主に帰属する当期純利益		420,484		420,484
自己株式の取得			△93,736	△93,736
自己株式の処分		△97	869	772
自己株式の消却		△102,898	102,898	－
連結範囲の変動		1,540		1,540
連結子会社の増資による持分の増減		△0		△0
その他		△1,686		△1,686
株主資本以外の項目の当期変動額（純額）				
当期変動額合計	－	165,680	10,031	175,712
当期末残高	150,000	1,954,445	△13,179	2,091,265

	その他の包括利益累計額				新株予約権	非支配株主持分	純資産合計
	その他有価証券評価差額金	繰延ヘッジ損益	為替換算調整勘定	退職給付に係る調整累計額			
当期首残高	1,908,438	2,787	△149,098	△13,661	2,379	56,380	3,722,780
当期変動額							
剰余金の配当							△151,661
親会社株主に帰属する当期純利益							420,484
自己株式の取得							△93,736
自己株式の処分							772
自己株式の消却							－
連結範囲の変動							1,540
連結子会社の増資による持分の増減							△0
その他							△1,686
株主資本以外の項目の当期変動額（純額）	△72,833	△4,339	259,433	△1,350	△2,345	△4,431	174,132
当期変動額合計	△72,833	△4,339	259,433	△1,350	△2,345	△4,431	349,845
当期末残高	1,835,605	△1,551	110,335	△15,011	33	51,949	4,072,625

当連結会計年度（自　2022年4月1日　至　2023年3月31日）

（単位：百万円）

	株主資本			
	資本金	利益剰余金	自己株式	株主資本合計
当期首残高	150,000	1,954,445	△13,179	2,091,265
当期変動額				
剰余金の配当		△192,151		△192,151
親会社株主に帰属する当期純利益		376,447		376,447
自己株式の取得			△111,691	△111,691
自己株式の処分		0	688	688
自己株式の消却		△96,126	96,126	―
連結範囲の変動				―
連結子会社の増資による持分の増減		△49		△49
その他		△509		△509
株主資本以外の項目の当期変動額（純額）				
当期変動額合計	―	87,609	△14,876	72,732
当期末残高	150,000	2,042,054	△28,056	2,163,998

	その他の包括利益累計額				新株予約権	非支配株主持分	純資産合計
	その他有価証券評価差額金	繰延ヘッジ損益	為替換算調整勘定	退職給付に係る調整累計額			
当期首残高	1,835,605	△1,551	110,335	△15,011	33	51,949	4,072,625
当期変動額							
剰余金の配当							△192,151
親会社株主に帰属する当期純利益							376,447
自己株式の取得							△111,691
自己株式の処分							688
自己株式の消却							―
連結範囲の変動							―
連結子会社の増資による持分の増減							△49
その他							△509
株主資本以外の項目の当期変動額（純額）	△880,954	△7,203	425,326	540	―	△25,217	△487,508
当期変動額合計	△880,954	△7,203	425,326	540	―	△25,217	△414,775
当期末残高	954,650	△8,755	535,662	△14,471	33	26,731	3,657,849

④ 【連結キャッシュ・フロー計算書】

（単位：百万円）

	前連結会計年度 （自 2021年4月1日 至 2022年3月31日）	当連結会計年度 （自 2022年4月1日 至 2023年3月31日）
営業活動によるキャッシュ・フロー		
税金等調整前当期純利益	554,272	529,358
減価償却費	89,754	112,514
減損損失	764	3,740
のれん償却額	72,152	80,692
負ののれん償却額	△10,229	△1,807
支払備金の増減額（△は減少）	241,282	334,838
責任準備金等の増減額（△は減少）	529,601	491,149
貸倒引当金の増減額（△は減少）	△600	11,020
退職給付に係る負債の増減額（△は減少）	2,078	△4,914
賞与引当金の増減額（△は減少）	5,336	3,106
株式給付引当金の増減額（△は減少）	3,410	465
価格変動準備金の増減額（△は減少）	10,324	△5,936
利息及び配当金収入	△560,082	△690,474
有価証券関係損益（△は益）	△118,255	△120,237
支払利息	8,398	13,953
為替差損益（△は益）	△26,178	△20,254
有形固定資産関係損益（△は益）	△601	3,224
持分法による投資損益（△は益）	3,034	104,887
特別勘定資産運用損益（△は益）	△13,533	2,369
その他資産（除く投資活動関連、財務活動関連） の増減額（△は増加）	△68,773	△165,628
その他負債（除く投資活動関連、財務活動関連） の増減額（△は減少）	52,765	△119,937
その他	427	18,841
小計	775,350	574,521
利息及び配当金の受取額	552,023	665,382
利息の支払額	△8,788	△12,829
法人税等の支払額	△223,279	△225,446
その他	6,934	5,954
営業活動によるキャッシュ・フロー	1,102,240	1,007,582

	前連結会計年度 （自　2021年4月1日 至　2022年3月31日）	当連結会計年度 （自　2022年4月1日 至　2023年3月31日）
投資活動によるキャッシュ・フロー		
預貯金の純増減額（△は増加）	228	18,569
買入金銭債権の取得による支出	△625,850	△516,140
買入金銭債権の売却・償還による収入	474,800	296,315
金銭の信託の増加による支出	－	△8,000
金銭の信託の減少による収入	2,421	－
有価証券の取得による支出	△2,255,729	△2,015,966
有価証券の売却・償還による収入	2,046,983	2,647,425
貸付けによる支出	△864,335	△1,000,890
貸付金の回収による収入	650,557	697,998
その他	△70,711	△95,355
資産運用活動計	△641,634	23,956
営業活動及び資産運用活動計	460,606	1,031,538
有形固定資産の取得による支出	△29,050	△24,877
有形固定資産の売却による収入	5,240	18,798
連結の範囲の変更を伴う子会社株式の取得による支出	－	△26,111
連結の範囲の変更を伴う子会社株式の売却による収入	－	26,428
投資活動によるキャッシュ・フロー	△665,444	18,193
財務活動によるキャッシュ・フロー		
借入れによる収入	34,506	15,565
借入金の返済による支出	△42,350	△13,347
短期社債の発行による収入	9,999	9,999
短期社債の償還による支出	△10,000	△10,000
社債の償還による支出	△12,705	△48
債券貸借取引受入担保金の純増減額（△は減少）	△351,789	△695,937
自己株式の取得による支出	△93,736	△111,691
配当金の支払額	△151,571	△192,008
非支配株主への配当金の支払額	△681	△707
非支配株主からの払込みによる収入	6,794	11,091
連結の範囲の変更を伴わない子会社株式の取得による支出	－	△5,060
その他	106,903	△17,081
財務活動によるキャッシュ・フロー	△504,629	△1,009,226
現金及び現金同等物に係る換算差額	59,659	56,615
現金及び現金同等物の増減額（△は減少）	△8,174	73,165
現金及び現金同等物の期首残高	924,687	912,216
連結除外に伴う現金及び現金同等物の減少額	△4,295	－
現金及び現金同等物の期末残高	※1 912,216	※1 985,382

【注記事項】

(連結財務諸表作成のための基本となる重要な事項)

1. 連結の範囲に関する事項 ···

(1) 連結子会社の数　172社

　　主要な会社名は「第1 企業の概況」の「4 関係会社の状況」に記載しているため省略しています。

　　当連結会計年度より，Standard Security Life Insurance Company of New York 他4社は，株式を取得したこと等により子会社となったため，連結の範囲に含めています。

　　当連結会計年度より，Chestnut Investors IV, Inc. 他2社は，清算結了等により連結の範囲から除いています。

(2) 主要な非連結子会社の名称等

　　主要な会社名

　　　東京海上日動調査サービス株式会社

　　　Tokio Marine Life Insurance (Thailand) Public Company Limited

　　(連結の範囲から除いた理由)

　　　非連結子会社は，総資産，売上高，当期純損益および利益剰余金等の観点からいずれも小規模であり，当企業集団の財政状態と経営成績に関する合理的な判断を妨げるほどの重要性がないため，連結の範囲から除いています。

2. 持分法の適用に関する事項 ···

(1) 持分法適用の関連会社の数　9社

　　主要な会社名は「第1 企業の概況」の「4 関係会社の状況」に記載しているため省略しています。

　　当連結会計年度より，Newa Insurance (Cambodia) Plc. は，新安東京海上産物保険股份有限公司への増資に伴い関連会社となったため，持分法適用の範囲に含めています。

(2) 持分法を適用していない非連結子会社(東京海上日動調査サービス株式会社，Tokio Marine Life Insurance (Thailand) Public Company Limited 他)および

関連会社（Alinma Tokio Marine Company 他）は，それぞれ当期純損益および利益剰余金等に及ぼす影響が軽微であり，かつ全体としても重要性がないため，持分法適用の範囲から除いています。

(3) 当社は，東京海上日動火災保険株式会社および日新火災海上保険株式会社を通じて日本地震再保険株式会社の議決権の30.1％を所有していますが，同社事業の公共性を踏まえ，同社事業等の方針決定に対し重要な影響を与えることができないと判断されることから，関連会社から除いています。

(4) 決算日が連結決算日と異なる持分法適用会社については，原則として，当該会社の事業年度に係る財務諸表を使用しています。

3．連結子会社の事業年度等に関する事項

国内連結子会社1社および海外連結子会社162社の決算日は12月31日ですが，決算日の差異が3か月を超えていないため，本連結財務諸表の作成にあたっては，同日現在の財務諸表を使用しています。なお，連結決算日との差異期間における重要な取引については，連結上必要な調整を行っています。

4．会計方針に関する事項

(1) 保険契約に関する会計処理

国内保険連結子会社における保険料，支払備金および責任準備金等の保険契約に関する会計処理については，保険業法等の法令等の定めによっています。

(2) 有価証券の評価基準および評価方法

① 売買目的有価証券の評価は，時価法によっています。なお，売却原価の算定は移動平均法に基づいています。

② 満期保有目的の債券の評価は，移動平均法に基づく償却原価法（定額法）によっています。

③ 業種別監査委員会報告第21号「保険業における「責任準備金対応債券」に関する当面の会計上及び監査上の取扱い」（2000年11月16日　日本公認会計士協会）に基づく責任準備金対応債券の評価は，移動平均法に基づく

償却原価法（定額法）によっています。

　　また，責任準備金対応債券に関するリスク管理方針の概要は以下のとおりです。

　　東京海上日動あんしん生命保険株式会社において，資産・負債の金利リスクの動を適切に管理するために「個人保険（無配当・利差回払）の責任準備金の一部分」を小区分として設定し，当該小区分に係る責任準備金のデュレーションと責任準備金対応債券のデュレーションを一定幅の中で対応させる運用方針をとっています。

④　その他有価証券（市場価格のない株式等を除く。）の評価は，時価法によっています。なお，評価差額は全部純資産直入法により処理し，また，売却原価の算定は移動平均法に基づいています。

⑤　その他有価証券のうち市場価格のない株式等の評価は，移動平均法に基づく原価法によっています。

⑥　有価証券運用を主目的とする単独運用の金銭の信託において信託財産として運用されている有価証券の評価は，時価法によっています。

（3）　デリバティブ取引の評価基準および評価方法 ……………………………

デリバティブ取引の評価は，時価法によっております。

（4）　重要な減価償却資産の減価償却の方法 …………………………………

①　有形固定資産

　　有形固定資産の減価償却は，定額法によっております。

②　無形固定資産

　　海外子会社の買収により取得した無形固定資産については，その効果が及ぶと見積もった期間にわたり，効果の発現する態様にしたがって償却しております。

（5）　重要な引当金の計上基準 ……………………………………………………

①　貸倒引当金

　　主な国内連結子会社は，債権の貸倒れによる損失に備えるため，資産の自己査定基準および償却・引当基準に基づき，次のとおり計上しています。

破産，特別清算，手形交換所における取引停止処分等，法的・形式的に経営破綻の事実が発生している債務者に対する債権および実質的に経営破綻に陥っている債務者に対する債権については，債権額から担保の処分可能見込額および保証による回収が可能と認められる額等を控除し，その残額を計上しています。

今後経営破綻に陥る可能性が大きいと認められる債務者に対する債権については，債権額から担保の処分可能見込額および保証による回収が可能と認められる額を控除し，その残額のうち，債務者の支払能力を総合的に判断して必要と認められる額を計上しています。

上記以外の債権については，過去の一定期間における貸倒実績等から算出した貸倒実績率を債権額に乗じた額を計上しています。

また，すべての債権は資産の自己査定基準に基づき，資産計上部門および資産管理部門が資産査定を実施し，当該部門から独立した資産監査部門が査定結果を監査しており，その査定結果に基づいて上記の計上を行っています。

② 賞与引当金

当社および国内連結子会社は，従業員賞与に充てるため，支給見込額を基準に計上しております。

③ 株式給付引当金

株式交付規程に基づき取締役および執行役員への当社株式の交付に充てるため，当連結会計年度末における株式給付債務の見込額を基準に計上しています。

④ 価格変動準備金

国内保険連結子会社は，株式等の価格変動による損失に備えるため，保険業法第115条の規定に基づき計上しています。

(6) 退職給付に係る会計処理の方法 ···

① 退職給付見込額の期間帰属方法

退職給付債務の算定にあたり，退職給付見込額を当連結会計年度末までの期間に帰属させる方法については，給付算定式基準によっています。

② 数理計算上の差異および過去勤務費用の費用処理方法

数理計算上の差異は，各連結会計年度の発生時における従業員の平均残存勤務期間以内の一定の年数（5〜13年）による定額法により按分した額をそれぞれ発生の翌連結会計年度から費用処理しています。

　　　過去勤務費用は，その発生時の従業員の平均残存勤務期間以内の一定の年数（7〜13年）による定額法により費用処理しています。

（7）　消費税等の会計処理 ···

　　当社および国内連結子会社の消費税等の会計処理は税抜方式によっています。ただし，国内保険連結子会社の営業費及び一般管理費等の費用は税込方式によっています。

　　なお，資産に係る控除対象外消費税等はその他資産に計上し，5年間で均等償却を行っています。

（8）　重要なヘッジ会計の方法 ···

　　① 金利関係

　　　東京海上日動火災保険株式会社および東京海上日動あんしん生命保険株式会社は，長期の保険契約等に付随して発生する金利の変動リスクを軽減するため，金融資産と保険負債等を同時に評価・分析し，リスクをコントロールする資産・負債総合管理（ALM：Asset Liability Management）を実施しています。この管理のために利用している金利スワップ取引の一部については，業種別委員会実務指針第26号「保険業における金融商品会計基準適用に関する会計上及び監査上の取扱い」（2022年3月17日　日本公認会計士協会）に基づく繰延ヘッジ処理を行っています。ヘッジ対象となる保険負債とヘッジ手段である金利スワップ取引を一定の残存期間毎にグルーピングのうえヘッジ指定を行っており，ヘッジに高い有効性があるため，ヘッジ有効性の評価を省略しています。

　　② 為替関係

　　　主な国内保険連結子会社は，外貨建資産等に係る将来の為替相場の変動リスクを軽減する目的で実施している為替予約取引・通貨スワップ取引の一

部について，時価ヘッジ処理，繰延ヘッジ処理または振当処理を行っています。なお，ヘッジ手段とヘッジ対象の重要な条件が同一であり，ヘッジに高い有効性があるため，ヘッジ有効性の評価を省略しています。

(9) のれんの償却方法及び償却期間

連結貸借対照表の資産の部に計上したのれんについて，Philadelphia Consolidated Holding Corp. に係るものについては20年間，HCC Insurance Holdings, Inc. に係るものについては10年間，Privilege Underwriters, Inc. に係るものについては15年間，その他については5～15年間で均等償却しています。ただし，少額のものについては一括償却しています。

なお，2010年3月31日以前に発生した負ののれんについては，連結貸借対照表の負債の部に計上し，20年間の均等償却を行っています。

(10) 連結キャッシュ・フロー計算書における資金の範囲

手許現金、要求払預金および取得日から満期日または償還日までの期間が3か月以内の定期預金等の短期投資からなっています。

（重要な会計上の見積り）

当社および連結子会社の財政状態または経営成績に対して重大な影響を与え得る会計上の見積りを含む項目は，以下のとおりです。

1. 支払備金

(1) 当連結会計年度の連結財務諸表に計上した金額

（単位：百万円）

	前連結会計年度	当連結会計年度
支払備金	3,609,687	4,287,286

(2) 重要な会計上の見積りの内容に関する情報

① 算出方法

保険契約に基づいて支払義務が発生したと認められる保険金，返戻金その他の給付金（以下「保険金等」という。）のうち，未だ支払っていない金額を

見積り，支払備金として計上しています。

② 算出に用いた主要な仮定

　　支払備金の計上にあたっては，主として過去の支払実績等から算出した仮定を用いて見積った最終的に支払う保険金等の見込額を使用しています。

③ 翌連結会計年度の連結財務諸表に与える影響

　　法令等の改正や裁判等の結果などにより，最終的に支払う保険金等の額が当初の見積りから変動し，支払備金の計上額が増減する可能性があります。

2. のれんの減損 ···

(1) 当連結会計年度の連結財務諸表に計上した金額

（単位：百万円）

	前連結会計年度	当連結会計年度
のれん	453,433	428,601

(2) 重要な会計上の見積りの内容に関する情報

① 算出方法

　　のれんの減損については，のれんが帰属する内部管理上独立して業績報告が行われる単位（以下「報告単位」という。）ごとに，主として，減損の兆候の把握,減損損失の認識の判定,減損損失の測定の手順に沿って行っています。

　　まず報告単位ごとに，直近の業績および将来の見通しの悪化，買収時点に想定した事業計画からの著しい下方乖離ならびに市場環境を含む経営環境の著しい悪化等の減損の兆候があるかどうかの判定を行っています。

　　減損の兆候がある報告単位については，割引前将来キャッシュ・フローの総額が帳簿価額を下回る場合に，減損損失を認識することとなります。減損損失を認識することとなった報告単位は，割引前将来キャッシュ・フローを割引率で割り引いた回収可能価額を算出のうえ，帳簿価額を回収可能価額まで減額し，当該減少額を減損損失として計上することとしています。

② 算出に用いた主要な仮定

　　のれんの減損損失の計上にあたり，将来キャッシュ・フローおよび割引率を使用しています。

　　将来キャッシュ・フローについては，直近の合理的な事業計画に基づき，

各報告単位の経営環境等を踏まえた成長率などを加味して見積っています。

割引率については，資本コストに金利差等の必要な調整を加えた税引前の利率としています。

③ 翌連結会計年度の連結財務諸表に与える影響

収益性が取得時の想定から大幅に悪化し事業計画の大幅な下方乖離が生じることなどにより，割引前将来キャッシュ・フローが大幅に下落した場合には，減損損失が発生する可能性があります。

3. 金融商品の時価評価

(1) 当連結会計年度の連結財務諸表に計上した金額

「（金融商品関係）」に記載しております。

(2) 重要な会計上の見積りの内容に関する情報

① 算出方法および算出に用いた主要な仮定

金融商品の時価の算出方法および算出に用いた主要な仮定は，「（金融商品関係）2. 金融商品の時価等に関する事項及び金融商品の時価のレベルごとの内訳等に関する事項（注1）時価の算定に用いた評価技法およびインプットの説明」に記載しています。

② 翌連結会計年度の連結財務諸表に与える影響

市場環境の変化等により主要な仮定が変動し，金融商品の時価が増減する可能性があります。

（会計方針の変更）

「時価の算定に関する会計基準の適用指針」（企業会計基準適用指針第31号 2021年6月17日。以下「時価算定会計基準適用指針」という。）を当連結会計年度の期首から適用し，時価算定会計基準適用指針第27-2項に定める経過的な取扱いにしたがって，時価算定会計基準適用指針が定める新たな会計方針を，将来にわたって適用することとしました。これによる連結財務諸表に与える影響は軽微です。

（未適用の会計基準等）

・「連結財務諸表作成における在外子会社等の会計処理に関する当面の取扱い」
（実務対応報告第18号　2018年9月14日）

・「持分法適用関連会社の会計処理に関する当面の取扱い」（実務対応報告第24
号　2018年9月14日）

1.　概要

　　企業会計基準委員会において実務対応報告第18号「連結財務諸表作成にお
ける在外子会社等の会計処理に関する当面の取扱い」および実務対応報告第
24号「持分法適用関連会社の会計処理に関する当面の取扱い」の見直しが検討
されてきたもので，主な改正内容は，連結決算手続において，「連結決算手続
における在外子会社等の会計処理の統一」の当面の取扱いに従って，在外子会
社等において，資本性金融商品の公正価値の事後的な変動をその他の包括利益
に表示する選択をしている場合には，当該資本性金融商品の売却を行ったとき
に，連結決算手続上，取得原価と売却価額との差額を当該連結会計年度の損
益として計上するように修正することとされています。

　　また，減損処理が必要と判断される場合には，連結決算手続上，評価差額
を当該連結会計年度の損失として計上するように修正することとされていま
す。

2.　適用予定日

　　在外子会社等が初めて国際財務報告基準第9号「金融商品」を適用する連結
会計年度の翌連結会計年度の期首より適用予定です。

3.　当該会計基準等の適用による影響

　　当該会計基準等の適用による影響は，当連結財務諸表の作成時において未定
です。

（追加情報）

　　当社および主な国内連結子会社は，取締役および執行役員（以下「取締役等」
という。）を対象に，役員報酬BIP信託による株式報酬制度（以下「本制度」という。）
を導入しています。本制度に係る会計処理については，「従業員等に信託を通じ

て自社の株式を交付する取引に関する実務上の取扱い」(実務対応報告第30号 2015年3月26日) を適用しています。

　本制度は，当社および主な国内連結子会社が拠出する金銭を原資として当社株式を信託を通じて取得し，株式交付規程に基づき取締役等に対して付与するポイントに応じて，退任後に当社株式および当社株式の換価処分金相当額の金銭を信託を通じて交付および給付する制度です。

　本信託に残存する当社株式は，株主資本において自己株式として計上しており，当該自己株式の帳簿価額および株式数は，前連結会計年度末において4,958百万円，819千株，当連結会計年度末において4,272百万円，2,117千株です。

2 財務諸表等

(1) 【財務諸表】··

① 【貸借対照表】

（単位：百万円）

	前事業年度 （2022年3月31日）	当事業年度 （2023年3月31日）
資産の部		
流動資産		
現金及び預金	35,425	7,123
前払費用	95	55
未収入金	61,327	56,232
その他	248	593
流動資産合計	97,096	64,005
固定資産		
有形固定資産		
建物（純額）	18	－
車両運搬具（純額）	41	49
工具、器具及び備品（純額）	34	14
有形固定資産合計	94	63
無形固定資産		
ソフトウエア	1,295	2,556
電話加入権	0	0
無形固定資産合計	1,296	2,557
投資その他の資産		
関係会社株式	2,313,180	2,306,256
繰延税金資産	1,248	1,366
その他	33	116
投資その他の資産合計	2,314,462	2,307,739
固定資産合計	2,315,853	2,310,360
資産合計	2,412,950	2,374,365
負債の部		
流動負債		
未払金	2,345	2,584
未払費用	1,592	2,606
未払法人税等	348	401
未払事業所税	18	19
未払消費税等	399	558
預り金	46	53
賞与引当金	957	1,156
その他	168	370
流動負債合計	5,877	7,750
固定負債		
退職給付引当金	316	326
株式給付引当金	3,410	3,401
固定負債合計	3,726	3,727
負債合計	9,604	11,478

	（単位：百万円）	
	前事業年度 （2022年3月31日）	当事業年度 （2023年3月31日）
純資産の部		
株主資本		
資本金	150,000	150,000
資本剰余金		
資本準備金	1,511,485	1,511,485
資本剰余金合計	1,511,485	1,511,485
利益剰余金		
その他利益剰余金		
別途積立金	332,275	332,275
繰越利益剰余金	422,730	397,147
利益剰余金合計	755,006	729,423
自己株式	△13,179	△28,056
株主資本合計	2,403,312	2,362,852
新株予約権	33	33
純資産合計	2,403,346	2,362,886
負債純資産合計	2,412,950	2,374,365

② 【損益計算書】

	前事業年度 （自 2021年4月1日 至 2022年3月31日）	当事業年度 （自 2022年4月1日 至 2023年3月31日）
営業収益		
関係会社受取配当金	※1 282,262	※1 262,168
関係会社受入手数料	※1 23,365	※1 28,282
関係会社システム使用料収入	※1 1,400	※1 1,110
営業収益合計	307,028	291,561
営業費用		
販売費及び一般管理費	※2 23,949	※2 28,440
営業費用合計	23,949	28,440
営業利益	283,079	263,121
営業外収益		
受取利息	0	0
未払配当金除斥益	82	98
受取事務手数料	※3 21	※3 23
その他	※3 94	※3 120
営業外収益合計	198	242
営業外費用		
自己株式取得費用	25	28
株式報酬制度移行費用	258	－
雑支出	37	0
営業外費用合計	321	28
経常利益	282,956	263,335
特別利益		
固定資産売却益	－	1
特別利益合計	－	1
特別損失		
関係会社株式評価損	－	175
固定資産売却損	－	9
固定資産除却損	1	35
特別損失合計	1	219
税引前当期純利益	282,955	263,117
法人税、住民税及び事業税	173	538
法人税等調整額	212	△117
法人税等合計	386	421
当期純利益	282,568	262,695

③ 【株主資本等変動計算書】

前事業年度（自　2021年4月1日　至　2022年3月31日）

（単位：百万円）

	株主資本						
	資本金	資本剰余金		利益剰余金		自己株式	株主資本合計
		資本準備金	その他資本剰余金	その他利益剰余金			
				別途積立金	繰越利益剰余金		
当期首残高	150,000	1,511,485	−	332,275	394,819	△23,211	2,365,369
当期変動額							
剰余金の配当					△151,661		△151,661
当期純利益					282,568		282,568
自己株式の取得						△93,736	△93,736
自己株式の処分			△97			869	772
自己株式の消却			△102,898			102,898	−
利益剰余金から資本剰余金への振替			102,995		△102,995		
株主資本以外の項目の当期変動額（純額）							
当期変動額合計	−	−	−	−	27,911	10,031	37,942
当期末残高	150,000	1,511,485	−	332,275	422,730	△13,179	2,403,312

	新株予約権	純資産合計
当期首残高	2,379	2,367,748
当期変動額		
剰余金の配当		△151,661
当期純利益		282,568
自己株式の取得		△93,736
自己株式の処分		772
自己株式の消却		−
利益剰余金から資本剰余金への振替		
株主資本以外の項目の当期変動額（純額）	△2,345	△2,345
当期変動額合計	△2,345	35,597
当期末残高	33	2,403,346

当事業年度（自　2022年4月1日　至　2023年3月31日）

（単位：百万円）

	株主資本						
	資本金	資本剰余金		利益剰余金		自己株式	株主資本合計
		資本準備金	その他資本剰余金	その他利益剰余金			
				別途積立金	繰越利益剰余金		
当期首残高	150,000	1,511,485	－	332,275	422,730	△13,179	2,403,312
当期変動額							
剰余金の配当					△192,151		△192,151
当期純利益					262,695		262,695
自己株式の取得						△111,691	△111,691
自己株式の処分			0			688	688
自己株式の消却			△96,126			96,126	－
利益剰余金から資本剰余金への振替			96,126		△96,126		
株主資本以外の項目の当期変動額（純額）							
当期変動額合計	－	－	－	－	△25,582	△14,876	△40,459
当期末残高	150,000	1,511,485	－	332,275	397,147	△28,056	2,362,852

	新株予約権	純資産合計
当期首残高	33	2,403,346
当期変動額		
剰余金の配当		△192,151
当期純利益		262,695
自己株式の取得		△111,691
自己株式の処分		688
自己株式の消却		－
利益剰余金から資本剰余金への振替		－
株主資本以外の項目の当期変動額（純額）	－	－
当期変動額合計	－	△40,459
当期末残高	33	2,362,886

【注記事項】

（重要な会計方針）

1. 有価証券の評価基準および評価方法 ···

　子会社株式および関連会社株式の評価は，移動平均法に基づく原価法によっています。

2. 固定資産の減価償却の方法 ···

（1）有形固定資産

　　有形固定資産の減価償却は，定額法によっています。

　　なお，主な耐用年数は以下のとおりです。

　　器具及び備品…3〜15年

（2）無形固定資産

　　無形固定資産の減価償却は，定額法によっています。

　　なお，主な耐用年数は以下のとおりです。

　　自社利用のソフトウエア…5年

3. 引当金の計上基準 ···

（1）賞与引当金

　　従業員賞与に充てるため，支給見込額を基準に計上しています。

（2）退職給付引当金

　　従業員の退職給付に充てるため，当事業年度末に発生していると認められる額を計上しています。

（3）株式給付引当金

　　株式交付規程に基づき取締役および執行役員への当社株式の交付に充てるため，当事業年度末における株式給付債務の見込額を基準に計上しています。

（追加情報）

　役員報酬BIP信託による株式報酬制度については，連結財務諸表の「注記事項（追加情報）」に同一の内容を記載しているため，記載を省略しています。

第2章

保険業界の "今" を知ろう

企業の募集情報は手に入れた。しかし，それだけでは
まだ不十分。企業単位ではなく，業界全体を俯瞰する
視点は，面接などでもよく問われる重要ポイントだ。
この章では直近1年間の保険業界を象徴する重大
ニュースをまとめるとともに，今後の展望について言
及している。また，章末には保険業界における有名企
業（一部抜粋）のリストも記載してあるので，今後の就
職活動の参考にしてほしい。

▶▶すべての人に，あんしんを
保険 業界の動向

> 「保険」は，個人や法人などの契約者から集めた保険金を株式や
> 国債，不動産などで運用し，契約者に生じた損害に対して保険金
> を給付する業種で，「生命保険」と「損害保険」に大別される。

❖ 生命保険業界の動向

　生命保険の仕組みは，保険契約者全員でお金（保険料）を出し合う「相互
扶助」を基本として，個人や企業から集めた保険料を保険会社が国債や株式，
外国証券などで運用し，被保険者が亡くなった時や入院・手術の際に保険
料や給付金を支払うことになっている。「保険大国」といわれる日本では，
生命保険の世帯加入率は89.8％（2021年 生命保険文化センター調べ）で，
9割近くの世帯が何らかの生命保険商品に加入していることになる。

　かつて日本では，家族の収入の大半を世帯主一人で支える場合が多く，
生命保険はもしものことを考えた死亡保障と受け止められていた。しかし，
近年は死亡保障が中心の保険に対するニーズに変化が生じており，医療保
障や貯蓄性商品に対する関心が高まっている。これは，消費者の保険に対
する知識が深まったこと，保険の販売スタイルも通販や銀行窓口などと多
様化したことが理由としてあげられる。既契約者でも，保険内容を積極的
に見直す人が増えており，自ら保険ショップなどに足を運ぶケースも増えて
いる。少子高齢化による人口減少，「2025年問題」といった経営環境の悪化
が予想されるなか，保険各社は消費者ニーズの変化も踏まえながら，新規
商品の開拓，M&Aなどによる業界再編を模索している。

●市場縮小，運用利回り悪化で苦境が続く

　生命保険会社の収入はおもに，契約者からの保険料（収入保険料）とその
保険料を運用することで得た利益（資産運用収益）で構成されている。

　保険料収支については，高齢化と人口減少で加入者が減る一方，支払金

が増加していくため，収支の悪化は避けられない状況にある。そのなかでも最大の課題といわれているのが「2025年問題」である。2025年には，1947〜49年に産まれたいわゆる団塊の世代がすべて75歳以上の後期高齢者となる。保険会社からみると，高齢者の人口比重がますます高まり，新規契約者は減り，支払いは増えていく状況といえる。

　一方，収益上，比重の大きい資産運用も，日本銀行が2016年2月に導入したマイナス金利政策の影響で，国債の利回りが大きく下落するなど，厳しい現状に直面している。2017年4月，金融庁が生命保険や医療保険の「標準利率」を1％から0.25％と史上最低の水準に引き下げた。「標準利率」とは，保険会社が資産運用で見込める利回り（予定利率）を決める際に指標とする数値である。標準利率が下がれば，連動して予定利率も下がることが多く，資産運用収入が減ってしまうことから，保険会社は保険料を引き上げることになる。今回も，生保各社は保険料を一斉に値上げする事態となった。また，2018年4月には，死亡率を算出する基準となる「標準生命表」が11年ぶりに改定された。たとえば，40歳男性の死亡率は前回2007年の「1000人に1.48人」から「1000人に1.18人」と変更されている。医療技術の進歩などで平均寿命が延びているため，死亡保険料は引き下げられる見通し。逆に，医療保険や年金保険は，支払い機会の増加や支払い期間の長期化といった負担増が想定されるため，保険料は上がることになる。各社は，この苦境を乗り切るため，貯蓄性のある商品の販売を停止・抑制する一方で，商品設計の見直しや新しい商品開発などにも力を注いでいる。

●業界再編，海外進出で進む企業の巨大化

　国内市場の縮小や運用難を受けて，生保各社は業界再編や海外進出を加速させている。日本生命は三井生命を約2800億円で買収，2016年4月から経営統合して再スタートし，第一生命に奪われた保険料収入の首位も取り戻した。2016年10月には，豪州大手銀行から生保事業（MLC）を約1800億円で買収しており，同国4位だった事業を5年間で首位に引き上げることを目指している。また，2018年3月には，マスミューチュアル生命保険も約1000億円で買収している。

　第一生命も2015年2月，米国の中堅保険会社プロテクティブを約5750億円で買収。2018年1月には，米リバティライフの既存契約を約1400億円で買収し，8月には豪サンコープ・ライフを約520億円で買収すると発表するなど，積極的に海外展開を行っている。また，2016年3月には，かんぽ生

命と海外での生保事業や資産運用などについて業務提携を発表し，まずは
100億円規模の海外インフラファンドへの共同投資を実施する。さらに2016
年10月には，みずほフィナンシャルグループと資産運用会社を経営統合し，
アセットマネジメントOneとして新たにスタートを切った。新会社の運用
残高は約52兆円とアジアで最大規模となる。販売面でも，2018年4月に乗
合保険募集代理店のアルファコンサルティングを子会社化し，グループ内
でのシナジー効果の強化を目指している。保険関連以外では，中東のガス
処理プラント建設や海外洋上風力発電事業，物流施設などへの投資も実行
している。

　両社以外でも，住友生命保険が米中堅生保のシメトラ・ファイナンシャ
ルを4500億円で，明治安田生命保険は米スターンコープ・ファイナンシャル・
グループを6250億円で買収するなど，大型M&Aが行われている。

●介護事業や保育事業に，本格参入

　保険業務以外の新しいビジネスとして，介護事業に参入する保険会社が
増えている。厚生労働省によると，介護保険の給付費は2022年度が前年度
比1.5％増の11兆1912億円だった。今後，2025年度には約20兆円となり，
2015年度の2倍に膨らむと予想されている。この市場拡大に，保険会社が
目をつけた。さらに，保険事業との相乗効果が大きいことも参入に拍車を
かけている。保険金を支払う代わりに介護サービスを受けられる「現物給付
型保険」を視野に入れている会社も多い。

　2017年10月，大同生命は要介護状態になった場合の収入減少に備える介
護収入保障保険と施設への入居などの費用負担に備える終身介護保障保険
の発売を開始した。この新商品には，介護全般についての相談や施設の紹
介など，介護を総合的にサポートするサービスが付帯している。さらに踏み
込んで，自社で施設運営を始める企業もある。ソニーフィナンシャルホー
ルディングス傘下のソニー・ライフケアは，2016年4月に自社ブランドの老
人ホーム「ソナーレ祖師ケ谷大蔵」を開設し，介護事業に本格参入している。
2017年4月には2軒目となる「ソナーレ浦和」が開設。2018年11月には「ソ
レーナ石神井」を開設予定で，今後は年1～2カ所を開設するという。また，
2017年7月に介護付き有料老人ホーム運営のゆうあいホールディングスを子
会社化しており，着々と事業拡大を進めている。

　日本生命は2017年，介護最大手のニチイ学館と提携し，企業内保育所の
全国展開をスタートさせている。両社は1999年の業務提携以降，介護のほ

か育児の無料相談など幅広いサービスを展開してきた。ニチイ学館は2015年度より基幹事業の1つとして保育事業に取り組んでおり，両社の協業を検討するなかで企業主導型保育所の展開が実現した。

❖ 損保業界の動向

　損害保険は，企業や個人に事故や災害による損害の補償を提供する。損保会社の収入の半分は自動車保険で，それ以外にも建物が対象の火災・地震保険のほか，経営陣の損害賠償責任に備える会社役員賠償責任保険やサイバーリスク保険，農業保険といった特定の損害に対応する商品もある。

　国内損保業界は再編を経て，MS&ADインシュアランスグループホールディングス（三井住友海上・あいおいニッセイ同和が2010年に合併），東京海上ホールディングス，そしてSOMPOホールディングス（損保ジャパン・日本興亜保険が2010年に合併）の3グループに集約された。この3大メガ損保が，国内における損保市場において，収入保険料の9割以上を占める。3グループの2022年3月期決算はそれぞれ減益。新型コロナの影響も和らぎ，交通事故が増加したことによる保険金の支払いが収益を圧迫した。

　収入の柱である自動車保険に関しては，2000年度には全体の58%を占めていた自動車保険の収入保険料は，2020年度には48.1%まで低下しており，人口減少と高齢化，若者の車離れなどから，先行きには不透明感が増している。また，自動安全ブレーキなどの普及で自動車事故も減っていることから，2018年1月，自動車保険の保険料が14年ぶりに引き下げられることになった。

●新規商品による底上げが必須

　今後の厳しい状況を踏まえ，損保各社は，相次いで新しい保険商品を開発している。損保ジャパン日本興亜はスマホアプリと連動したテレマティックス保険を発売している。これは，ダウンロードしたアプリで運転状況を診断，安全に運転すると保険料を最大20%割り引くという商品。自動車保険以外でも，損保ジャパン日本興亜の富士山の噴火に備える保険や，三井住友海上の再生医療の健康被害に備える保険などがある。富士山噴火の保険は，実際に噴火しなくても，警戒レベルが一定の状態に達すれば保険金を受け取れるシステムで，近隣の観光業者にとっては風評被害に対する保

険としても活用できる。

このような新種保険による収入は，この5年間で11％から14％に上昇し，1兆円を超えている。とくに，国内企業数の9割以上を占める，従業員数100人未満の中小企業では，労災や賠償責任などの新種保険の加入率が低く，この分野の未開拓市場は約6000億円近いといわれている。今後は，中小やベンチャー企業の挑戦を，保険でバックアップするような新種保険の開発も望まれる。

●海外進出でグローバルネットワークを強化

生保業界と同様に，損保各社でも海外進出が進んでいる。国内市場の縮小を踏まえた規模拡大とともに，事業を行う地域を分散させることで，リスクを軽減するねらいがある。また，欧米の保険会社は，農業保険やテロ保険，ヨットや競走馬の保険など，スペシャルティ保険と呼ばれる専門性の高い分野を得意としており，グループ各社はそのノウハウを共有し，グローバルネットワークを強化することで，運用力の向上も目指したいと考えている。

東京海上ホールディングスは，これまで英キルン，米フィラデルフィアなど欧米で大型M&Aを行ってきた。近年では，2015年10月に米保険会社HCCインシュアランス・ホールディングスを，約9400億円で買収した。この買収によって，東京海上の海外利益比率は，38％から45％に上昇した。さらに，2017年10月に米保険大手AIGから医療保険事業を約300億円で買収すると発表。2018年6月には，東京海上日動火災保険を通じて，タイとインドネシアの保険会社の買収を発表するなど，海外展開を強めている。

MS&ADは2016年2月，総額6400億円で英損害保険アムリンの買収を完了した。アムリンは再保険（保険会社が入る保険）市場で2位の大手で，この買収によって，MS&ADの再保険部門の事業規模は世界27位から15位に上昇した。また，2017年8月には三井住友海上保険によるシンガポールの損害保険会社の買収を発表。2017年10月には英生命保険会社に1200億円を出資している。SOMPOホールディングスも2017年3月，約6900億円を投じて米エンデュランス・スペシャルティ・ホールディングスを買収。2018年1月には，米国の企業向け保険会社を買収すると発表した。

生保12社が増益・黒字　住友や明治安田は予定利率上げ

主な生命保険会社の2023年4〜9月期決算が22日、出そろった。14社・グループのうち、12社で本業のもうけを示す基礎利益が増加もしくは黒字化した。新型コロナウイルスの保険金などの支払いが減った。今後は国内の金利上昇を踏まえた運用や商品戦略の巧拙が問われる局面になり、住友生命保険や明治安田生命保険は予定利率引き上げに踏み切った。

本業のもうけを示す基礎利益は14社の合計で1兆7621億円と前年同期比25%増えた。増益の主因は新型コロナの感染者に支払う保険金や給付金の減少だ。生命保険協会によると4〜9月の業界全体での新型コロナ関連の入院給付金の支払いは約217億円と前年同期比95%減った。

ただ手放しで喜べる決算ではない。契約者に約束している予定利率と実際の運用利回りの差である利差益は、海外金利の上昇で為替変動の影響を抑えるためのヘッジコストが増え、アンケートに回答した11社・グループ合計で約3割減った。住友生命の増田光男運用企画部長は「24年3月期通期では上期よりさらに悪化する」とみる。

今後、国内での本格的な金利上昇局面を見据えた運用戦略や商品開発・改定が焦点になる。日本生命保険など運用計画を公表している10社のうち、7社は下期（23年10月〜24年3月）に国内債の残高を増やす方針だ。

明治安田生命の中村篤志専務執行役は国債（超長期債）の運用について「平準的な買い入れを基本としながら、金利上昇で投資妙味が増す局面では買い入れ速度の調整や積み増しを検討する」と述べた。円建ての負債を多く抱える生保にとって、負債コストを賄うために国内債の利回り向上は欠かせない要素だ。

一方、「マイナス金利の解除など日銀の次の一手が年度初めの想定より早まると見込んでおり、金利の先高観から急いで買う必要はない」（富国生命保険の鈴木善之財務企画部長）との声もある。同社は下期に計画していた国債の買い

入れを24年度以降に回す方針だ。どのタイミングで買い入れ速度を上げるかなど各社で運用戦略は分かれそうだ。

円建てを中心とする貯蓄性商品の販売競争も足元で激しさを増している。住友生命は円建ての一時払い終身保険の予定利率を11月から1%に引き上げた。明治安田生命も11月に、教育資金の確保を目的とする学資保険の予定利率を6年ぶりに改定し、0.75%から1.3%に引き上げた。

貯蓄性商品は生保にとって必ずしも利益率が良い商品とはいえない。ニーズの高い貯蓄性商品を起点に顧客との接点創出を図り、主力となる保障性商品の販売につなげたいのが本音だ。

主力の営業職員チャネルで新契約の保障額が10%以上落ち込んだ日本生命の佐藤和夫常務執行役員は「課題が残る決算だった。一時払い商品の販売好調を主因に通期の決算見通しを前期比増収に変更したが、中身の伴った増収を目指したい」と口にした。

住友生命の高尾延治執行役常務は「23年4〜9月期は昨年に比べて相対的に競争力が低下した。収益とのバランスを見極めつつ今後も予定利率の引き上げについて検討を進めていく」と話す。貯蓄性商品の販売を停止している朝日生命保険も「具体的な金利水準は決めていないが、販売再開に向けて検討に着手した」（池田健一常務執行役員）という。

生命保険協会の清水博会長（日本生命社長）は17日の記者会見で「継続的な金利上昇は理屈上、中長期的な運用収益の向上につながる。ただ各社の取り組み次第で、運用収益に及ぼす影響は現実的には異なる」と話した。

急激な金利上昇は既存の保険契約の解約増加につながる可能性もある。金利が上昇する過程での適切な債券の入れ替え、流動性リスクにも留意した資産ポートフォリオの管理の重要性は今後一層増す。

（2023年11月22日　日本経済新聞）

損保大手、自動車保険の査定厳しく　相次ぐ不正受け

中古車販売大手ビッグモーターによる保険金不正請求を受け、損害保険大手各社は保険金の査定や支払いのプロセスを見直す。保険金に関する問題が他の自動車関連業者でも相次いでいることも背景にある。「不正はしない」とする性善説に基づく従来の対応から転換し、デジタル技術を活用するなどして不正検知体制の整備を進める。

「実際の作業と異なる請求をしていました」。大阪トヨタ自動車（大阪市）は25日、2021年4月から22年11月までに施工した67台で、塗装費用の過大請求といった事案があったと発表した。トヨタ自動車の販売会社を巡っては、ほかの地域でも不適切な事案が発覚している。保険金が過剰に支払われたケースがあり、返金の協議を損保側と進めている。

中古車販売大手ではビッグモーターに続き、グッドスピードでも不適切な事案が明らかになっている。同社が20日公表した社内調査委員会による調査報告書の概要では、1664件の調査案件数のうち、5.5%にあたる91件が「不適切疑義案件」と判断された。「塗装下処理のみで終了させたが請求内容は塗装実施」だった事案や、「板金修理における作業時間請求が過大だった事例」などがあったという。

損保大手各社はこうした事態を受け、不正を防ぐ体制づくりを急ぐ。あいおいニッセイ同和損害保険は、人工知能（AI）を活用して修理費の見積もりが適正か確認するシステムを、オックスフォード大の学者と連携して進める。420万件の事故車両のデータや、不正請求時に表れる見積り内容の傾向などをAIに学習させ、不正が疑われる事案を自動で検知する。12月から運用を始める。

三井住友海上火災保険は2023年度中にも、事故車を修理工場に入庫した際の車両の写真撮影を提携する全工場に義務付ける。契約者の立ち会いの下で撮影してもらい、意図的に傷を付けるといった不正の未然防止を図る。

損害保険ジャパンは簡易な査定手法を見直し、損害査定人が全修理案件の見積もりをチェックする体制に9月から変更した。 東京海上日動火災保険は事故車両の損害調査を担うグループ企業に、不正に関する情報を集約、分析する専門チームを9月に立ち上げた。

損保各社はこれまで、事故車の修理見積もりを修理業者から送られてきた写真だけで査定するなど、効率的に修理を進めるための仕組みを構築してきた。納車までの期間が短くなるなど保険契約者にとってのメリットはあるが、水増し請求が発生する一因となった。「性善説に依拠してやってきたことが裏目に出た」（損保大手関係者）

ビッグモーターは、意図的に車体を傷付けるなどして保険金を繰り返し水増し請求していた。ここまでの悪質な手口は他社では明らかになっていないが、「自動車メーカーの販売会社も含め、今後さらに保険金請求の問題が拡大していく」（業界関係者）との見方が広がりつつある。

自動車の販売業者は保険代理店として自動車保険を取り扱っており、損保会社との関係性は強い。特に保険の契約額が多い大規模な代理店などに対しては、

監督や指導が行き届かない恐れもある。実際にビッグモーター問題では、損保ジャパンが「反発を恐れた」（同社の白川儀一社長）結果、不正追及に緩みが生じた。日本損害保険協会の新納啓介会長（あいおいニッセイ同和損保社長）も９月の協会長会見で「現場において行き過ぎたリスペクトになってしまい、代理店に対して物が言いづらい場面はある」と述べた。不正請求を放置すれば、保険料の上昇という形で契約者にはね返る。損保各社は実効性のある再発防止策を講じ、代理店との関係を適正化できるかが問われている。

（2023年10月31日　日本経済新聞）

保険窓口販売、商品絞り込み　大手地銀やりそな銀行

銀行が窓口で取り扱う保険商品を絞っている。横浜銀行が約３割削ったほか、りそな銀行は医療保険など約10商品を減らした。取扱数が多すぎると販売の効率が落ちるほか、適切な説明ができずに顧客の不利益となる恐れもあるためだ。生命保険会社との関係を優先する大手銀行はラインアップの充実を維持する姿勢を崩さず、戦略の違いも浮き彫りになっている。

横浜銀行は昨年10月に窓口で販売する保険を約30本から20本程度へ絞った。取り扱いを抜本的に見直したのは初めてだ。絞り込みにあたっては、保険と投資信託の商品性やパフォーマンスを中立的な立場から評価する投信・保険ビジネス総合研究所の分析を参考にしたという。

保険の機能を資産運用や相続対策、資産承継・生前贈与、介護や認知症への備えなどに分類し、それぞれの分野で重複する商品の取り扱いをやめた。営業戦略部の池野裕昭グループ長は「同じような保険商品が並んでいるより、厳選された状態のほうが顧客にとっても選びやすいだろう」と話す。

りそな銀行は2022年４月に保険料を定期的に納める平準払いと呼ばれる保険を中心に取扱数を33から24に減らした。アフラック生命保険、オリックス生命保険の医療保険やがん保険などの販売を停止したという。

窓口の販売員が勧めるのは保険だけでなく、投信やファンドラップなど多岐にわたる。家族構成や資産形成の計画、リスクの許容度が異なる顧客に最適な提案をするには商品に対する理解度を高めることが重要だ。担当者は「説明の質を担保するには商品数を減らす必要がある」と語る。

池田泉州銀行も昨年３月に一時払い終身保険や変額年金保険など計７商品の取り扱いを停止した。複数の関係者によると、関東地方のある大手地銀は販売件

数などが基準に満たない保険商品をリストアップしており、存廃の是非を年内にも決める。同様の検討を進めている地銀も少なくないという。

保険商品の銀行窓販は07年に全面解禁され、生保にとって銀行は有力な販売チャネルのひとつとなっている。各社が窓販向けの商品を相次いで開発してきた結果、銀行が取り扱う商品数は膨らんできた。品ぞろえを重視する販売戦略は転機を迎えている。

すでに投信では銀行窓口の取扱商品を減らす動きが先行している。商品数が多すぎると顧客に向き合う販売員が商品の特徴をつかむのに苦労する。効率を重視し、販売員がきめ細かく説明できるよう商品数を適正化する流れが保険にもおよんできた。

それでも保険商品の削減には別の難しさがある。地銀の大株主には明治安田生命保険や日本生命保険が名を連ねる。生保側は取引上の関係を強化するための政策保有株でなく、あくまでも純投資と位置付けるが「保有株が（銀行窓口で保険を販売しやすくする）事実上のエントリーチケット」（関係者）になっている側面がある。

窓口で自社の商品が少なくなれば販売減に直結するだけに、生保側の抵抗感も根強い。交渉に携わった地銀の担当者は「生保の理解を取り付けるのに難儀した」と振り返る。協議が難航し、当初の計画から遅れて削減にこぎ着けたという。近年は株価が低迷する地銀株の売却に動く生保も少なくないが、大株主として配慮すべき対象であることに変わりはない。

一方、大手行では品ぞろえを引き続き維持する考えが大勢だ。三菱UFJ銀行や三井住友銀行、みずほ銀行に取扱商品数を尋ねたところ、今年9月末時点で40〜60本程度だった。信託銀行を含め、今後減らす予定はないという。充実したラインアップが顧客の選択肢を広げることになる半面、親密な生保との関係を踏まえると大胆な削減には乗り出しにくい。

銀行窓販の市場は好調が続く。業界の推計値によると、今年4〜9月の販売額は3兆1000億円規模。7年ぶりに5兆円台へ乗せた22年度を上回るペースで資金が流入している。国内の金利上昇による積立利率の改善が円建ての追い風となっているほか、実質的な運用利回りが5％前後におよぶ外貨建て保険の人気も依然根強い。

運用商品の販売をめぐっては、千葉銀行が複雑な商品設計の仕組み債を高齢者に販売するなどして金融庁から業務改善命令を受けた。販売側の銀行にはアフターフォローを含め、これまで以上にきめ細かな対応が求められている。

（2023年10月25日　日本経済新聞）

自動車保険、東京海上・あいおいが値上げ再考

損害保険大手が自動車保険料を引き上げるかが焦点になっている。中古車販売大手のビッグモーター（東京・港）による保険金不正請求問題で、損害保険ジャパンは2024年1月に予定していた自動車保険料の引き上げを当面見送ることを決めた。ほかの大手3社の保険料改定の方向性は依然として出そろっておらず、判断が分かれる可能性がある。

損保ジャパンを含む大手4社はもともと、24年1月に保険料を引き上げる方針だった。物価高に伴い修理費や人件費が上がり、自動車整備業者らに支払う保険金が増加しているからだ。新型コロナウイルス下での行動制限がなくなって交通量が回復し、事故が増えていることも背景にある。

自動車保険の保険料は例年、損保各社は1月に改定している。改定に伴いシステム改修も必要になる。このため各社は通常、8月前半ごろまでに改定幅を確定させ、9月ごろから代理店への周知を進める段取りで動いている。ところが、ことしは8月28日時点で各社の改定幅が出そろっていない。

ビッグモーターとの近い関係を指摘される損保ジャパンは見送りを決めた。自動車保険金を不正に水増し請求していたことを受け、契約者の理解が得られないと判断した。

三井住友海上火災保険はすでに引き上げを決めたが、改定幅については協議中のもようだ。東京海上日動火災保険とあいおいニッセイ同和損害保険は方向性を明らかにしておらず、損保ジャパンと同様に見送る可能性も排除していないとみられる。

自動車保険の収益性は悪化しているのが実情だ。収入保険料に対して支払った保険金の割合を示す大手4社の損害率は、22年度は6割程度と1年間で5ポイント前後増えた。業界全体で自動車保険は収入保険料の5割近くを占める主力商品で、複数の大手損保関係者は「引き上げなければ年間で数百億円規模の保険料収入が失われかねない」と頭を悩ませる。

引き上げ見送りの一報が伝わった28日、損保ジャパンの親会社のSOMPOホールディングスの株価は、午後1時過ぎから一時200円近く下落した。終値は前週末比13円高だったが、投資家は損保各社が自動車保険事業の収益性を着実に改善できるかを注視している。

損保業界では自然災害の多発を背景に、収入保険料ベースでは自動車保険に次ぐ規模の火災保険で赤字が続いている。厳しい事業環境に置かれるなか、自

動車保険は安定的に利益が得られる収益源として重要性が高まっていることも背景にある。

ビッグモーターから水増しされた修理費を提示されて保険を使った契約者の中には、不必要に等級が下がって割高な保険料を負担している人も少なくない。さらに、保険金の水増しにより、わずかながら契約者全般の保険料が上振れしているとみられ、業界団体は影響を検証する。

契約者が抱く損保への不信感が高まっているなかで、投資家と契約者の双方の納得が得られるよう、損保各社にはこれまで以上に丁寧な説明が求められている。

（2023年8月29日　日本経済新聞）

企業保険、大手４社でシェア９割　価格調整疑いの背景に

金融庁が東京海上日動火災保険など大手４社に報告徴求命令を出したのは、損害保険業界に価格調整が慣習として根付いていた疑いを捨てきれないためだ。損保業界は過去の再編で2014年に現在の大手４社体制が固まった。企業向け保険のシェアが90％以上にのぼる寡占度が今回の事前調整につながっていた可能性もある。

企業向けの保険をめぐっては、１年〜複数年にわたる保険契約を更改する際に複数の保険会社から見積もりを受けることが多い。大企業の火災保険などは引受時のリスクが大きくなることから、事前に決められたシェアに応じて複数の保険会社が分担して保険を引き受けている。

企業向けの保険料は、損保がその企業にどれだけの保険金を支払ってきたかを示す「損害率」に大きく左右される。関係者によると、東急は３割弱と「優良企業」とされる水準だったという。それにもかかわらず、保険会社から示された保険料は割高で、かつほぼ横並びの水準だったようだ。

関係者は各損保で東急を受け持つ営業担当者がスマートフォンのメッセージなどで情報を共有し合い、事前に保険料の水準を調整していた疑いがあると指摘する。主幹事を務める東京海上は金融庁に一連の経緯を説明したようだ。

1990年代半ばに10社以上だった主要損保は再編を繰り返し、2014年に損害保険ジャパン日本興亜（当時）ができて４社体制に固まった。企業向けの保険で４社の市場シェアは９割を超える。

損保の価格調整をめぐっては、1994年に公正取引委員会から警告を受けたこ

とがある。業界団体が自動車の整備業者に支払う修理費の工賃を設定し、各社がほぼ一律で適用していた。

報告命令を出した金融庁は調査に数カ月以上をかける見通しだ。企業向けの保険で損保が余剰利益を得ていなかったかが今後の焦点になる。

（2023年6月29日　日本経済新聞）

生命保険16社の23年3月期、3割減益　コロナ給付金重く

主な生命保険会社の2023年3月期決算が24日、出そろった。外貨建て保険の販売額が伸びて増収となった一方、新型コロナウイルス関連の給付金が重荷となり、主要16社の本業のもうけを示す基礎利益は約2兆9000億円と前の期比3割弱減った。今期は日本生命保険など大手4社が減収になる。

生保の売上高指標の一つである保険料等収入は主要16社で約37兆6000億円と2割近く増えた。米ドルなど外貨建て一時払い保険が好調だった。銀行窓口の販売額は業界全体で約3兆9000億円と前の期比で8割増えた。24日に発表した日本生命の保険料等収入は18％増えた。

新型コロナ関連の給付金支払いが響き、採算は悪化した。生命保険協会によると22年度の入院給付金の支払いは業界全体で約8700億円超となった。生保のコスト負担が増し、基礎利益（16社合計）は約2兆9000億円と前の期比28％減った。外国債券の投資で為替変動の影響を抑えるヘッジコストの上昇もあり、日本生命の減益幅は44％になった。

24年3月期は外貨建て保険の販売が減少する見通し。日本生命（豪子会社を除く）、明治安田生命保険は保険料等収入でそれぞれ6％、9％の減収を見込む。第一生命ホールディングス（HD）は経常収益が12％減る予想だ。

外貨建て保険の販売動向は金利に左右され円高リスクもある。明治安田生命の中村篤志専務執行役は「今期は下期に海外金利が低下する見通しで、外貨建て保険のニーズは低下する」とみる。

新型コロナ関連の支払いは減るため利益には追い風となる。ただ住友生命は「外債の為替ヘッジ契約期間が長く、コスト上昇の影響が前期より大きくなる」（高尾延治執行役常務）ため基礎利益は12％減る見通し。明治安田生命は横ばい水準になるとしている。

事業環境は楽観視できない。前期の新たに獲得した契約から得られる保険料（新契約年換算保険料）をみると、日本生命では最大シェアを占める営業職員チャ

ネルが約2割減った。同社の佐藤和夫常務執行役員は「職員1人あたりの生産性が落ち込んでいる」と危機感を口にした。

特定商品などに依存せずに収益力をどう高めていくかが課題だ。大手の場合は新契約に占める営業職員の割合が依然高い。新型コロナが収束して営業職員の活動再開が本格化するなか、新契約をどこまで回復できるかが焦点だ。

スマートフォンなど非対面チャネルの活用が不可欠になる。日本生命の佐藤氏は「営業活動と顧客のデータを組み合わせ、人工知能（AI）を用いた効果的な営業を定着させたい」と語る。住友生命は今期からの3年間でシステムや営業ツールの更新などに約1600億円を投じる。

新たな収益源を探る動きもある。第一生命HDの甲斐章文執行役員は「資産形成型の商品やペット保険など顧客の幅広いニーズに応える商品の提案を通じて業績回復につなげたい」と話す。健康増進など非保険領域のサービスや海外事業の強化も欠かせない。

金融庁幹部は「営業職員が単に保険を売ればいい時代は終わった。データの利活用を含め、顧客にどう付加価値を提供できるかが問われている」と指摘する。

（2023年5月24日　日本経済新聞）

▶労働環境

職種：損害調査　　年齢・性別：20代後半・女性

・残業代は17時以降にキッチリつけられます。
・部署や地域によりますが，女性の場合残業はそれほどありません。
・勉強会や研修も時々ありますが，その分の残業代もつきます。
・基本的に休日出勤はなく，発生しても代休か手当がつきます。

職種：一般事務　　年齢・性別：20代後半・女性

・給与は並みですが，賞与は結構な金額がもらえます。
・特に上の役職者になればなるほど高給取りになれます。
・高給で仕事ができない上司に対して不満を持つ人もいるようです。
・ゆるく仕事をしたい人には適した環境かもしれません。

職種：個人営業　　年齢・性別：20代後半・女性

・営業職は毎月ノルマがあり，お客様の都合で土日出勤も多いです。
・残業代はつかないため，時給換算するととても給料が低いことも。
・部下が辞めると上司の査定に響くため，退職しづらい雰囲気です。
・女性が多い職場ですが悪口を言う暇はなく，人間関係は良好です。

職種：内勤営業　　年齢・性別：20代後半・男性

・やる気次第で，若い時から挑戦させてもらえる風潮があります。
・海外展開などに伴い，研修教育制度も充実してきています。
・キャリアアップを目指す環境は整っていると感じます。
・スキルや資格は人事評価の対象となるため，やる気にも繋がります。

▶ 福利厚生

職種：法人営業　　年齢・性別：30代後半・男性

- 非管理職で月155000円を上限に会社が代用社宅を借りてくれます。代用社宅の場合，社員は2割負担で借りられとても助かります。
- 長期休暇は年に2回あって，必ず取得できます。
- ジョブローテーションは4年サイクルで，希望はほぼ通りません。

職種：ルートセールス・代理店営業　　年齢・性別：30代後半・男性

- 他社と比べると福利厚生は若干手薄ですが，住宅補助もあります。
- 有給休暇は上司にもよりますが，問題なく取れると思います。
- ジョブローテーションや社内応募制度などはありません。
- 年末年始はカレンダー通り，夏休みは1週間取れます。

職種：営業関連職　　年齢・性別：20代後半・女性

- 産休育休，療養休暇，介護休暇など福利厚生は充実しています。
- 子供が3歳になるまでの間，保育料の補助もあります。
- 公休などもしっかりあり，子供の行事にも気兼ねなく参加できます。
- 制度を使って3人の子供を育てながら仕事をしている同期もいます。

職種：個人営業　　年齢・性別：20代後半・女性

- 福利厚生は充実しており，産休育休を活用している人は多くいます。
- ただし，産休育休後に復帰する方は1割もいないのが現状です。
- 有休は成績次第で，数字を達成していれば休みは取りやすいです。
- 管理職が有休を取らないので有休を取りづらいというのはあります。

▶仕事のやりがい

職種：法人営業　　年齢・性別：20代後半・男性

・会社内で各企業情報が閲覧でき，自分で営業先リストが作れます。
・営業の仕方に制約はなく，テレアポでも飛び込み営業でもOKです。
・成約のインセンティブは，粗利の25％という破格の歩合率です。
・給料面でのやりがいは同業他社の中でもトップクラスだと思います。

職種：個人営業　　年齢・性別：20代後半・女性

・仕事で楽しいと感じるのは，やはり契約を頂けた時です。
・ある一定基準に達すると表彰されたり，行事に参加できます。
・できる営業マンにはトコトン良い思いをさるのが営業の世界。
・給料アップがモチベーションアップに繋がります。

職種：営業マネージャー・管理職　　年齢・性別：20代後半・女性

・年に3回特に頑張る月が設けられ，目標達成でご褒美がもらえます。
・やった分だけ給料に返ってくるのでモチベーションアップに。
・新人でもかなり良い給料をもらっている人もいます。
・ただし，営業成績が良くないと給料が減って行く仕組は健在です。

職種：個人営業　　年齢・性別：20代後半・女性

・お客様とコミュニケーションを図り，成果が出た時の達成感。
・一人一人に対するオーダーメイドの提案が受け入れられた時。
・人生設計のアドバイザーとして，仕事の高度さを実感できます。
・頑張った分は給与，賞与に反映される仕組みになっています。

▶ ブラック？ホワイト？

職種：代理店営業　　年齢・性別：20代後半・女性

- ・21時までしか残業代は出ず，それ以降は端末を閉じてサービス残業。
- ・基本的に毎日残業し，役職が上の人は休日出勤もしています。
- ・残業してもその日の仕事が終わらず，翌日に持ち越すことも。
- ・残業できる時間も限られていて，仕事は溜まる一方です。

職種：コンサルティング営業　　年齢・性別：20代前半・女性

- ・数字を追う仕事であると理解しておかなければならないでしょう。
- ・友人や恩師，家族にも保険の提案をすべきだと指示を受けることも。
- ・長期休暇などの前には休暇中に会える友人の有無を聞かれることも。
- ・身内への営業は強制ではありませんが，憤りを感じる時もあります。

職種：個人営業　　年齢・性別：20代後半・女性

- ・土日出勤の風潮が強くなってきています。
- ・交通費やカフェ代，ノベルティー代などの自己負担は多いです。
- ・新規契約を取り続けなければ安定した給与は得られません。
- ・早期で退職する人が多く，キャリアアップは現実的には難しいです。

職種：ルートセールス・代理店営業　　年齢・性別：30代後半・男性

- ・営業は残業量が異常に多く，100時間超もざらにいます。
- ・業務効率を改善しようという姿勢は会社にはまったくありません。
- ・早く帰るのは中間管理職以上と一般職の女性だけ。
- ・土日出勤，残業を文句も言わずにやる社員が優秀とされています。

▶女性の働きやすさ

職種：リサーチ・市場調査　　　年齢・性別：20代後半・男性

・産休・育休，時短勤務への理解があり，女性は働きやすい会社です。
・女性で管理職への昇進者がここ2，3年で急増してきています。
・業務上の男女差はなくなってきていると思います。
・多くの女性社員が出産後に職場復帰を果たし，活躍しています。

職種：営業マネージャー・管理職　　年齢・性別：30代後半・女性

・営業職員として入社し，入社後に2人の子どもを出産しました。
・産前産後休暇中は，満額の給与が保障されています。
・育児休暇に変わっての休務期間中にも，賞与がきちんとありました。
・育児休暇は最長2年取れ，女性が働くにはいい職場だと思います。

職種：ルートセールス・代理店営業　　年齢・性別：30代後半・男性

・女性で管理職になる人はほぼいません。
・9時～5時で帰れるので，昇進を望まなければいい職場だと思います。
・出産休暇・育児休暇もとれ，復職も問題なくできます。
・キャリアアップを目指そうとする女性には向いてない会社です。

職種：一般事務　　年齢・性別：30代後半・女性

・保育園の設備があり，子供の体調不良時にもすぐ対応できます。
・上司はささいな意見も聞いてくれ，皆が発言しやすい雰囲気です。
・向上心を持って仕事に取り組めば，男女関係なく出世していけます。
・資格を取るチャンスもあり，ステップアップできる環境にあります。

▶ 今後の展望

職種：ルートセールス・代理店営業　　年齢・性別：30代後半・男性

- ・ペット保険は今ではなくてはならない商材となっており，売上や利益も伸びていますので，今後もっと成長すると思います。
- ・ペットを購入する際は，ほぼ全員の人が加入しているようです。
- ・永久的にペットを飼う人がいるので今後も見込みがあると思います。

職種：ルートセールス・代理店営業　　年齢・性別：30代後半・男性

- ・業績はわずかながら年々改善しています。
- ・損保業界はメガ3社で勝負は決まっていると思います。
- ・親会社の顧客を地味に獲得しながら細々と生きながらえています。
- ・潰れる心配はありませんが，将来がバラ色という感じでもないです。

職種：金融関連職　　年齢・性別：20代後半・男性

- ・右肩上がりの成長をずっと続けています。
- ・現状では企業の成長に対して従業員の数が足りていない状態です。
- ・会社は潰れはしないと思いますが，課題は多くあると感じます。
- ・これから入社する方は，仕事内容が多いため大変だと思います。

職種：個人営業　　年齢・性別：20代後半・男性

- ・生命保険の提案業務の為，当面の間仕事は無くならないと思います。
- ・ただしこの会社の今後の展望という点では，何とも言えません。
- ・上層部の考え方が古く，短期的な視野でしか物事を見ていません。
- ・長期的な視野で今後の会社を考える人が圧倒的に少ないです。

保険業界　国内企業リスト（一部抜粋）

	会社名	本社住所
保険	ＮＫＳＪホールディングス株式会社	東京都新宿区西新宿一丁目 26 番 1 号
	MS&AD インシュアランス グループ ホールディングス株式会社	東京都中央区八重洲 1-3-7 八重洲ファーストフィナンシャルビル
	ソニーフィナンシャルホールディングス株式会社	東京都港区南青山 1 丁目 1 番 1 号
	第一生命保険株式会社	東京都千代田区有楽町 1-13-1
	東京海上ホールディングス株式会社	東京都千代田区丸の内 1-2-1 東京海上日動ビル新館
	株式会社 T&D ホールディングス	東京都港区海岸 1-2-3 汐留芝離宮ビルディング
生命保険	アイエヌジー生命保険株式会社	東京都千代田区紀尾井町 4-1 ニューオータニガーデンコート 26 階
	アクサ生命保険株式会社	東京都港区白金 1 丁目 17 番 3 号 NBF プラチナタワー
	アクサダイレクト生命保険株式会社	東京都千代田区麹町 3-3-4 KDX 麹町ビル 8F
	朝日生命保険相互会社	東京都千代田区大手町 2-6-1 朝日生命大手町ビル
	アフラック（アメリカンファミリー生命保険会社）	東京都新宿区西新宿 2-1-1 新宿三井ビル
	アリアンツ生命保険株式会社	東京都港区元赤坂 1 丁目 6 番 6 号 安全ビル（総合受付 18F）
	ＡＩＧ富士生命保険株式会社	東京都港区虎ノ門 4-3-20 神谷町 MT ビル
	ＮＫＳＪひまわり生命保険株式会社	東京都新宿区西新宿六丁目 13 番 1 号新宿セントラルパークビル
	オリックス生命保険株式会社	東京都港区赤坂 2-3-5 赤坂スターゲートプラザ
	カーディフ生命保険会社	東京都渋谷区桜丘町 20-1 渋谷インフォスタワー 9F
	株式会社かんぽ生命保険	東京都千代田区霞が関一丁目 3 番 2 号
	クレディ・アグリコル生命保険株式会社	東京都港区東新橋 1 丁目 9 番 2 号 汐留住友ビル
	ジブラルタ生命保険株式会社	東京都千代田区永田町 2-13-10
	住友生命保険相互会社	大阪府大阪市中央区城見 1-4-35
	ソニー生命保険株式会社	東京都港区南青山 1-1-1 新青山ビル東館 3 階
	ソニーライフ・エイゴン生命保険株式会社	東京都渋谷区神宮前 5-52-2 青山オーバルビル
	損保ジャパン・ディー・アイ・ワイ生命保険株式会社	東京都新宿区西新宿 6-10-1 日土地西新宿ビル

	会社名	本社住所
生命保険	第一生命保険株式会社	東京都江東区豊洲 3-2-3 豊洲キュービックガーデン
	第一フロンティア生命保険株式会社	東京都中央区晴海 1 丁目 8 番 10 号 晴海トリトンスクエア X 棟 15 階
	大同生命保険株式会社	大阪市西区江戸堀 1 丁目 2 番 1 号
	太陽生命保険株式会社	東京都港区海岸 1-2-3
	チューリッヒ生命	東京都中野区中野 4 丁目 10 番 2 号 中野セントラルパークサウス 16 階
	T＆Dフィナンシャル生命保険株式会社	東京都港区海岸 1-2-3
	東京海上日動あんしん生命保険株式会社	東京都千代田区丸の内 1-2-1 東京海上日動ビル新館
	東京海上日動フィナンシャル生命保険株式会社	東京都杉並区上荻一丁目 2 番 1 号 インテグラルタワー
	日本生命保険相互会社	大阪市中央区今橋 3-5-12
	ハートフォード生命保険株式会社	東京都港区海岸 1-2-20 汐留ビルディング 15 階
	ピーシーエー生命保険株式会社	東京都港区赤坂 2-11-7 ATT 新館
	富国生命保険相互会社	東京都千代田区内幸町 2-2-2
	フコクしんらい生命保険株式会社	東京都新宿区西新宿 8-17-1
	プルデンシャル生命保険株式会社	東京都千代田区永田町 2-13-10 プルデンシャルタワー
	PGF生命（プルデンシャル ジブラルタ ファイナンシャル生命保険株式会社）	東京都千代田区永田町 2-13-10
	マスミューチュアル生命保険株式会社	東京都江東区有明三丁目 5 番 7 号
	マニュライフ生命保険株式会社	東京都調布市国領町 4 丁目 34 番地 1
	三井生命保険株式会社	東京都江東区青海 1-1-20 ダイバーシティ東京オフィスタワー
	三井住友海上あいおい生命保険株式会社	東京都中央区日本橋 3-1-6
	三井住友海上プライマリー生命保険株式会社	東京都中央区八重洲 1-3-7 八重洲ファーストフィナンシャルビル
	みどり生命保険株式会社	東京都北区王子 6-3-43
	明治安田生命保険相互会社	東京都千代田区丸の内 2-1-1
	メットライフアリコ生命保険株式会社	東京都墨田区太平 4 丁目 1 番 3 号
	メディケア生命保険株式会社	東京都江東区深川 1-11-12 住友生命清澄パークビル 5 階

	会社名	本社住所
生命保険	ライフネット生命保険株式会社	東京都千代田区麹町二丁目 14 番地 2 麹町 NK ビル
	楽天生命保険株式会社	東京都港区台場二丁目 3 番 1 号（トレードピアお台場 20 階）
損害保険	あいおいニッセイ同和損害保険株式会社	東京都渋谷区恵比寿 1-28-1
	アイペット損害保険株式会社	東京都港区六本木 1-8-7（アーク八木ヒルズ 10F）
	朝日火災海上保険株式会社	東京都千代田区神田美土代町 7 番地（住友不動産神田ビル）
	アニコム損害保険株式会社	東京都新宿区下落合 1-5-22（アリミノビル 2F）
	イーデザイン損害保険株式会社	東京都新宿区西新宿 3-20-2（東京オペラシティビル）
	エイチ・エス損害保険株式会社	東京都新宿区市谷本村町 3-29（フォーキャスト市ヶ谷 7F）
	ＳＢＩ損害保険株式会社	東京都港区六本木 1-6-1（泉ガーデンタワー 18F）
	ａｕ損害保険株式会社	東京都渋谷区東 3-16-3（エフ・ニッセイ恵比寿ビル 5F）
	共栄火災海上保険株式会社	東京都港区新橋 1-18-6
	ジェイアイ傷害火災保険株式会社	東京都千代田区一番町 20-5（AI ビル）
	セコム損害保険株式会社	東京都千代田区平河町 2-6-2（セコム損保ビル）
	セゾン自動車火災保険株式会社	東京都豊島区東池袋 3-1-1（サンシャイン 60 40F）
	ソニー損害保険株式会社	東京都大田区蒲田 5-37-1（アロマスクエア 11F）
	株式会社損害保険ジャパン	東京都新宿区西新宿 1-26-1
	そんぽ 24 損害保険株式会社	東京都豊島区東池袋 3-1-1（サンシャイン 60 44F）
	大同火災海上保険株式会社	沖縄県那覇市久茂地 1-12-1
	東京海上日動火災保険株式会社	東京都千代田区丸の内 1-2-1
	トーア再保険株式会社	東京都千代田区神田駿河台 3-6
	日新火災海上保険株式会社	東京都千代田区神田駿河台 2-3
	日本興亜損害保険株式会社	東京都千代田区霞が関 3-7-3
	日本地震再保険株式会社	東京都中央区日本橋小舟町 8-1（ヒューリック小舟町ビル 4F）
	日立キャピタル損害保険株式会社	東京都千代田区九段北 1-8-10（住友不動産九段ビル 11F）
	富士火災海上保険株式会社	東京都港区虎ノ門 4-3-20 神谷町ＭＴビル
	三井住友海上火災保険株式会社	東京都千代田区神田駿河台 3-9 三井住友海上駿河台ビル
	三井ダイレクト損害保険株式会社	東京都文京区後楽 1-5-3
	明治安田損害保険株式会社	東京都千代田区神田司町 2-11-1

第3章

就職活動のはじめかた

入りたい会社は決まった。しかし「就職活動とはそもそ
も何をしていいのかわからない」「どんな流れで進むか
わからない」という声は意外と多い。ここでは就職活
動の一般的な流れや内容，対策について解説していく。

▶就職活動のスケジュール

3月	**4**月	**6**月

就職活動スタート

2025年卒の就活スケジュールは,経団連と政府を中心に議論され,2024年卒の採用選考スケジュールから概ね変更なしとされている。

エントリー受付 ・ 提出

OB・OG訪問

企業の説明会には積極的に参加しよう。独自の企業研究だけでは見えてこなかった新たな情報を得る機会であるとともに,モチベーションアップにもつながる。また,説明会に参加した者だけに配布する資料などもある。

合同企業説明会　　**個別企業説明会**

筆記試験 ・ 面接試験等始まる (3月〜)

内々定(大手企業)

2月末までにやっておきたいこと

就職活動が本格化する前に,以下のことに取り組んでおこう。
　◎自己分析　◎インターンシップ　◎筆記試験対策
　◎業界研究・企業研究　◎学内就職ガイダンス
自分が本当にやりたいことはなにか,自分の能力を最大限に活かせる会社はどこか。自己分析と企業研究を重ね,それを文章などにして明確にしておき,面接時に最大限に活用できるようにしておこう。

月　　　　　　　　**8月**　　　　　　　　**10月**

中小企業採用本格化

内定者の数が採用予定数に満た
ない企業，1年を通して採用を継
続している企業，夏休み以降に採
用活動を実施企業（後期採用）は
採用活動を継続して行っている。
大企業でも後期採用を行っている
こともあるので，企業から内定が
出ても，納得がいかなければ継続
して就職活動を行うこともある。

中小企業の採用が本格化するのは大手
企業より少し遅いこの時期から。HP
などで採用情報をつかむとともに，企
業研究も怠らないようにしよう。

内々定とは10月1日以前に通知（電話等）
されるもの。内定に関しては現在協定があり，
10月1日以降に文書等にて通知される。

内々定（中小企業）　　　　　　**内定式（10月〜）**

どんな人物が求められる？

多くの企業は，常識やコミュニケーション能力があり，社会のできごと
に高い関心を持っている人物を求めている。これは「会社の一員とし
て将来の企業発展に寄与してくれるか」という視点に基づく，もっとも
普遍的な選考基準だ。もちろん，「自社の志望を真剣に考えているか」
「自社の製品，サービスにどれだけの関心を向けているか」という熱
意の部分も重要な要素になる。

就活ロールプレイ！

就職活動のスタート

内定までの道のりは，大きく分けると以下のようになる。

自 己 分 析

企 業 研 究

エントリーシート・筆記試験・面接

内　定

01 まず自己分析からスタート

　就職活動とは，「企業に自分をPRすること」。自分自身の興味，価値観に加えて，強み・能力という要素が加わって，初めて企業側に「自分が働いたら，こういうポイントで貢献できる」と自分自身を売り込むことができるようになる。

■自分の来た道を振り返る

　自己分析をするための第一歩は，「振り返ってみる」こと。

　小学校，中学校など自分のいた"場"ごとに何をしたか（部活動など），何を学んだか，交友関係はどうだったか，興味のあったこと，覚えている印象的なことを書き出してみよう。

■テストを受けてみる

　"自分では気がついていない能力"を客観的に検査してもらうことで，自分に向いている職種が見えてくる。下記の5種類が代表的なものだ。

①職業適性検査　　②知能検査　　③性格検査

④職業興味検査　　⑤創造性検査

■**先輩や専門家に相談してみる**

　就職活動をするうえでは，"いかに他人に自分のことをわかってもらうか"が重要なポイント。他者の視点で自分を分析してもらうことで，より客観的な視点で自己PRができるようになる。

自己分析の流れ

❏過去の経験を書いてみる

❏現在の自己イメージを明確にする…行動，考え方，好きなものなど。

❏他人から見た自分を明確にする

❏将来の自分を明確にしてみる…どのような生活をおくっていたいか。期待，夢，願望。なりたい自分はどういうものか，掘り下げて考える。→自己分析結果を，志望動機につなげていく。

01　企業の絞り込み

　志望企業の絞り込みについての考え方は大きく分けて2つある。

　第1は，同一業種の中で1次候補，2次候補……と絞り込んでいく方法。

　第2は，業種を1次，2次，3次候補と変えながら，それぞれに2社程度ずつ絞り込んでいく方法。

　第1の方法では，志望する同一業種の中で，一流企業，中堅企業，中小企業，縁故などがある歯止めの会社……というふうに絞り込んでいく。

　第2の方法では，自分が最も望んでいる業種，将来好きになれそうな業種，発展性のある業種，安定性のある業種，現在好況な業種……というふうに区別して，それぞれに適当な会社を絞り込んでいく。

02　情報の収集場所

・キャリアセンター

・新聞

・インターネット

・企業情報

『就職四季報』（東洋経済新報社刊），『日経会社情報』（日本経済新聞社刊）などの企業情報。この種の資料は本来"株式市場"についての資料だが，その時期の景気動向を含めた情報を仕入れることができる。

・経済雑誌

『ダイヤモンド』（ダイヤモンド社刊）や『東洋経済』（東洋経済新報社刊），『エコノミスト』（毎日新聞出版刊）など。

・OB・OG／社会人

①成長力

まず"売上高"。次に資本力の問題や利益率などの比率。いくら資本金があっても，それを上回る膨大な借金を抱えていて，いくら稼いでも利払いに追われまくるようでは，成長できないし，安定できない。

成長力を見るには自己資本率を割り出してみる。自己資本を総資本で割って100を掛けると自己資本率がパーセントで出てくる。自己資本の比率が高いほうが成長力もあり安定度も高い。

利益率は純利益を売上高で割って100を掛ける。利益率が高ければ，企業はどんどん成長するし，社員の待遇も上昇する。利益率が低いということは，仕事がどんなに忙しくても利益にはつながらないということになる。

②技術力

技術力は，短期的な見方と長期的な展望が必要になってくる。研究部門が適切な規模か，大学など企業外の研究部門との連絡があるか，先端技術の分野で開発を続けているかどうかなど。

③経営者と経営形態

会社が将来，どのような発展をするか，または衰退するかは経営者の経営哲学，経営方針によるところが大きい。社長の経歴を知ることも必要。創始者の息子，孫といった親族が社長をしているのか，サラリーマン社長か，官庁などからの天下りかということも大切なチェックポイント。

④社風

社風というのは先輩社員から後輩社員に伝えられ，教えられるもの。社風もいろいろな面から必ずチェックしよう。

⑤安定性

企業が成長しているか，安定しているかということは車の両輪。どちらか片方の回転が遅くなっても企業はバランスを失う。安定し，しかも成長する。これが企業として最も理想とするところ。

⑥待遇

初任給だけを考えてみても，それが手取りなのか，基本給なのか。基本給というのはボーナスから退職金，定期昇給の金額にまで響いてくる。また，待遇というのは給与ばかりではなく，福利厚生施設でも大きな差が出てくる。

■そのほかの会社比較の基準

1. ゆとり度

　休暇制度は，企業によって独自のものを設定しているところもある。「長期休暇制度」といったものなどの制定状況と，また実際に取得できているかどうかも調べたい。

2. 独身寮や住宅設備

　最近では，社宅は廃止し，住宅手当を多く出すという流れもある。寮や社宅についての福利厚生は調べておく。

3. オフィス環境

　会社に根づいた慣習や社員に対する考え方が，意外にオフィスの設備やレイアウトに表れている場合がある。

　たとえば，個人の専有スペースの広さや区切り方，パソコンなどOA機器の設置状況，上司と部下の机の配置など，会社によってずいぶん違うもの。玄関ロビーや受付の様子を観察するだけでも，会社ごとのカラーや特徴がどこかに見えてくる。

4. 勤務地

　転勤はイヤ，どうしても特定の地域で生活していきたい。そんな声に応えて，最近は流通業などを中心に，勤務地限定の雇用制度を取り入れる企業も増えている。

---

column　初任給では分からない本当の給与

　会社の給与水準には「初任給」「平均給与」「平均ボーナス」「モデル給与」など，判断材料となるいくつかのデータがある。これらのデータからその会社の給料の優劣を判断するのは非常に難しい。

　たとえば中小企業の中には，初任給が飛び抜けて高い会社がときどきある。しかしその後の昇給率は大きくないのがほとんど。

　一方，大手企業の初任給は業種間や企業間の差が小さく，ほとんど横並びと言っていい。そこで，「平均給与」や「平均ボーナス」などで将来の予測をするわけだが，これは一応の目安とはなるが，個人差があるので正確とは言えない。

■決定版「就職ノート」はこう作る

　1冊にすべて書き込みたいという人には，ルーズリーフ形式のノートがお勧め。会社研究，スケジュール，時事用語，OB／OG訪問，切り抜きなどの項目を作りインデックスをつける。

　カレンダー，説明会，試験などのスケジュール表を貼り，とくに会社別の説明会，面談，書類提出，試験の日程がひと目で分かる表なども作っておく。そして見開き2ページで1社を載せ，左ページに企業研究，右ページには志望理由，自己PRなどを整理する。

就職ノートの主なチェック項目

❏企業研究…資本金，業務内容，従業員数など基礎的な会社概要から，過去の採用状況，業務報告などのデータ

❏採用試験メモ…日程，条件，提出書類，採用方法，試験の傾向など

❏店舗・営業所見学メモ…流通関係，銀行などの場合は，客として訪問し，商品（値段，使用価値，ユーザーへの配慮），店員（接客態度，商品知識，熱意，親切度），店舗（ショーケース，陳列の工夫，店内の清潔さ）などの面をチェック

❏OB／OG訪問メモ…OB／OGの名前，連絡先，訪問日時，面談場所，質疑応答のポイント，印象など

❏会社訪問メモ…連絡先，人事担当者名，会社までの交通機関，最寄り駅からの地図，訪問のときに得た情報や印象，訪問にいたるまでの経過も記入

　「OB／OG訪問」は，実際は採用予備選考開始。まず，OB／OG訪問を希望したら，大学のキャリアセンター，教授などの紹介で，志望企業に勤める先輩の手がかりをつかむ。もちろん直接電話なり手紙で，自分の意向を会社側に伝えてもいい。自分の在籍大学，学部をはっきり言って，「先輩を紹介していただけないでしょうか」と依頼しよう。

参考

OB／OG訪問時の質問リスト例

●採用について

・成績と面接の比重　　　　　・評価のポイント

・採用までのプロセス（日程）　・筆記試験の傾向と対策

・面接は何回あるか　　　　　・コネの効力はどうか

・面接で質問される事項　etc.

●仕事について

・内容（入社10年, 20年のOB/OG）・新入社員の仕事

・希望職種につけるのか　　　　・やりがいはどうか

・残業，休日出勤，出張など　　・同業他社と比較してどうか　etc.

●社風について

・社内のムード　　　　　　　・上司や同僚との関係

・仕事のさせ方　etc.

●待遇について

・給与について　　　　　　　・福利厚生の状態

・昇進のスピード　　　　　　・離職率について　etc.

インターンシップとは，学生向けに企業が用意している「就業体験」プログラム。ここで学生はさまざまな企業の実態をより深く知ることができ，その後の就職活動において自己分析，業界研究，職種選びなどに活かすことができる。また企業側にとっても有能な学生を発掘できるというメリットがあるため，導入する企業は増えている。

インターンシップ参加が採用につながっているケースもあるため，たくさん参加してみよう。

column コネを利用するのも１つの手段？

コネを活用できるのは，以下のような場合である。

・企業と大学に何らかの「連絡」がある場合

企業の新卒採用の場合，特定校・指定校が決められていることもある。企業側が過去の実績などに基づいて決めており，大学の力が大きくものをいう。

とくに理工系では，指導教授や研究室と企業との連絡が密接な場合が多く，教授の推薦が有利であることは言うまでもない。同じ大学出身の先輩とのコネも，この部類に区分できる。

・志望企業と「関係」ある人と関係がある場合

一般的に言えば，志望企業の取り引き先関係からの紹介というのが一番多い。ただし，年間億単位の実績が必要で，しかも部長・役員以上につながっていなければコネがあるとは言えない。

・志望企業と何らかの「親しい関係」がある場合

志望企業に勤務したりアルバイトをしていたことがあるという場合。インターンシップもここに分類される。職場にも馴染みがあり人間関係もできているので，就職に際してきわめて有利。

・志望会社に関係する人と「縁故」がある場合

縁故を「血縁関係」とした場合，日本企業ではこのコネはかなり有効なところもある。ただし，血縁者が同じ会社にいるというのは不都合なことも多いので，どの企業も慎重。

07 会社説明会のチェックポイント

1. 受付の様子

　受付事務がテキパキとしていて，分かりやすいかどうか。社員の態度が親切で誠意が伝わってくるかどうか。

　こういった受付の様子からでも，その会社の社員教育の程度や，新入社員採用に対する熱意とか期待を推し測ることができる。

2. 控え室の様子

　控え室が2カ所以上あって，国立大学と私立大学の訪問者とが，別々に案内されているようなことはないか。また，面談の順番を意図的に変えているようなことはないか。これはよくある例で，すでに大半は内定しているということを意味する場合が多い。

3. 社内の雰囲気

　社員の話し方，その内容を耳にはさむだけでも，社風が伝わってくる。

4. 面談の様子

　何時間も待たせたあげくに，きわめて事務的に，しかも投げやりな質問しかしないような採用担当者である場合，この会社は人事が適正に行われていないということだから，一考したほうがよい。

 説明会での質問項目

・質問内容が抽象的でなく，具体性のあるものかどうか。

・質問内容は，現在の社会・経済・政治などの情況を踏まえた，
　大学生らしい高度で専門性のあるものか。

・質問をするのはいいが，「それでは，あなたの意見はどうか」と
　逆に聞かれたとき，自分なりの見解が述べられるものであるか。

提出する書類は6種類。①～③が大学に申請する書類，④～⑥が自分で書く書類だ。大学に申請する書類は一度に何枚も入手しておこう。

- ①「卒業見込証明書」
- ②「成績証明書」
- ③「健康診断書」
- ④「履歴書」
- ⑤「エントリーシート」
- ⑥「会社説明会アンケート」

■自分で書く書類は「自己PR」

第1次面接に進めるか否かは「自分で書く書類」の出来にかかっている。「履歴書」と「エントリーシート」は会社説明会に行く前に準備しておくもの。「会社説明会アンケート」は説明会の際に書き，その場で提出する書類だ。

01 履歴書とエントリーシートの違い

Webエントリーを受け付けている企業に資料請求をすると，資料と一緒に「エントリーシート」が送られてくるので，応募サイトのフォームやメールでエントリーシートを送付する。Webエントリーを行っていない企業には，ハガキやメールで資料請求をする必要があるが，「エントリーシート」は履歴書とは異なり，企業が設定した設問に対して回答するもの。すなわちこれが「1次試験」であり，これにパスをした人だけが会社説明会に呼ばれる。

02 記入の際の注意点

■字はていねいに

　字を書くところから，その企業に対する"本気度"は測られている。

■誤字，脱字は厳禁

　使用するのは，黒のインク。

■修正液使用は不可

■数字は算用数字

■自分の広告を作るつもりで書く

　自分はこういう人間であり，何がしたいかということを簡潔に書く。メリットになることだけで良い。自分に損になるようなことを書く必要はない。

■「やる気」を示す具体的なエピソードを

　「私はやる気があります」「私は根気があります」という抽象的な表現だけではNG。それを示すエピソードのようなものを書かなくては意味がない。

Point

> 自己紹介欄の項目はすべて「自己PR」。自分はこういう人間であることを印象づけ，それがさらに企業への「志望動機」につながっていくような書き方をする。

column　履歴書やエントリーシートは，共通でもいい？

　「履歴書」や「エントリーシート」は企業によって書き分ける。業種はもちろん，同じ業界の企業であっても求めている人材が違うからだ。各書類は提出前にコピーを取り，さらに出した企業名を忘れずに書いておくことも大切だ。

写真	スナップ写真は不可。 スーツ着用で,胸から上の物を使用する。ポイントは「清潔感」。 氏名・大学名を裏書きしておく。
日付	郵送の場合は投函する日,持参する場合は持参日の日付を記入する。
生年月日	西暦は避ける。元号を省略せずに記入する。
氏名	戸籍上の漢字を使う。印鑑押印欄があれば忘れずに押す。
住所	フリガナ欄がカタカナであればカタカナで,平仮名であれば平仮名で記載する。
学歴	最初の行の中央部に「学□□歴」と2文字程度間隔を空けて,中学校卒業から大学(卒業・卒業見込み)まで記入する。 中途退学の場合は,理由を簡潔に記載する。留年は記入する必要はない。 職歴がなければ,最終学歴の一段下の行の右隅に,「以上」と記載する。
職歴	最終学歴の一段下の行の中央部に「職□□歴」と2文字程度間隔を空け記入する。 「株式会社」や「有限会社」など,所属部門を省略しないで記入する。 「同上」や「〃」で省略しない。 最終職歴の一段下の行の右隅に,「以上」と記載する。
資格・免許	4級以下は記載しない。学習中のものも記載して良い。 「普通自動車第一種運転免許」など,省略せずに記載する。
趣味・特技	具体的に(例:読書でもジャンルや好きな作家を)記入する。
志望理由	その企業の強みや良い所を見つけ出したうえで,「自分の得意な事」がどう活かせるかなどを考えぬいたものを記入する。
自己PR	応募企業の事業内容や職種にリンクするような,自分の経験やスキルなどを記入する。
本人希望欄	面接の連絡方法,希望職種・勤務地などを記入する。「特になし」や空白はNG。
家族構成	最初に世帯主を書き,次に配偶者,それから家族を祖父母,兄弟姉妹の順に。続柄は,本人から見た間柄。兄嫁は,義姉と書く。
健康状態	「良好」が一般的。

01 エントリーシートの目的

・応募者を，決められた採用予定者数に絞り込むこと
・面接時の資料にする
の2つ。

■知りたいのは職務遂行能力

採用担当者が学生を見る場合は，「こいつは与えられた仕事をこなせるかどうか」という目で見ている。企業に必要とされているのは仕事をする能力なのだ。

Point

> 質問に忠実に，"自分がいかにその会社の求める人材に当てはまるか"を
> 丁寧に答えること。

02 効果的なエントリーシートの書き方

■情報を伝える書き方

課題をよく理解していることを相手に伝えるような気持ちで書く。

■文章力

大切なのは全体のバランスが取れているか。書く前に，何をどれくらいの字数で収めるか計算しておく。

「起承転結」でいえば，「起」は，文章を起こす導入部分。「承」は，起を受けて，その提起した問題に対して承認を求める部分。「転」は，自説を展開する部分。もっともオリジナリティが要求される。「結」は，最後の締めの結論部分。文章の構成・まとめる力で，総合的な能力が高いことをアピールする。

表現力,理解力のチェックポイント

- ❑文法,語法が正しいかどうか
- ❑論旨が論理的で一貫しているかどうか
- ❑1センテンスが簡潔かどうか
- ❑表現が統一されているかどうか (「です,ます」調か「だ,である」調か)

面接試験の進みかた

01 個人面接

●自由面接法

　面接官と受験者のキャラクターやその場の雰囲気，質問と応答の進行具合などによって雑談形式で自由に進められる。

●標準面接法

　自由面接法とは逆に，質問内容や評価の基準などがあらかじめ決まっている。実際には自由面接法と併用で，おおまかな質問事項や判定基準，評価ポイントを決めておき，質疑応答の内容上の制限を緩和しておくスタイルが一般的。1次面接などでは標準面接法をとり，2次以降で自由面接法をとる企業も多い。

●非指示面接法

　受験者に自由に発言してもらい，面接官は話題を引き出したりするときなど，最小限の質問をするという方法。

●圧迫面接法

　わざと受験者の精神状態を緊張させ，受験者がどのような応答をするかを観察し，判定する。受験者は，冷静に対応することが肝心。

02 集団面接

　面接の方法は個人面接と大差ないが，面接官がひとつの質問をして，受験者が順にそれに答えるという方法と，面接官が司会役になって，座談会のような形式で進める方法とがある。

　座談会のようなスタイルでの面接は，なるべく受験者全員が関心をもっているような話題を取りあげ，意見を述べさせるという方法。この際，司会役以外の面接官は一言も発言せず，判定・評価に専念する。

03 グループディスカッション

　グループディスカッション（以下，GD）の時間は30～60分程度，1グループの人数は5～10人程度で，司会は面接官が行う場合や，時間を決めて学生が交替で行うことが多い。面接官は内容については特に指示することはなく，受験者がどのようにGDを進めるかを観察する。

　評価のポイントは，全体的には理解力，表現力，指導性，積極性，協調性など，個別的には性格，知識，適性などが観察される。

　GDの特色は，集団の中での個人ということで，受験者の能力がどの程度のものであるか，また，どのようなことに向いているかを判定できること。受験者は，グループの中における自分の位置を面接官に印象づけることが大切だ。

グループディスカッション方式の面接におけるチェックポイント

❏全体の中で適切な論点を提供できているかどうか。
❏問題解決に役立つ知識を持っているか，また提供できているかどうか。
❏もつれた議論を解きほぐし，的はずれの議論を元に引き戻す努力をしているかどうか。
❏グループ全体としての目標をいつも考えているかどうか。
❏感情的な対立や攻撃をしかけているようなことはないか。
❏他人の意見に耳を傾け，よい意見には賛意を表し，それを全体に推し広げようという寛大さがあるかどうか。
❏議論の流れを自然にリードするような主導性を持っているかどうか。
❏提出した意見が議論の進行に大きな影響を与えているかどうか。

04 面接時の注意点

●控え室

　控え室には，指定された時間の15分前には入室しよう。そこで担当の係から，面接に際しての注意点や手順の説明が行われるので，疑問点は積極的に聞くようにし，心おきなく面接にのぞめるようにしておこう。会社によっては，所定のカードに必要事項を書き込ませたり，お互いに自己紹介をさせたりする場合もある。また，この控え室での行動も細かくチェックして，合否の資料にしている会社もある。

●入室・面接開始

係員がドアの開閉をしてくれる場合もあるが，それ以外は軽くノックして入室し，必ずドアを閉める。そして入口近くで軽く一礼し，面接官か補助員の「どうぞ」という指示で正面の席に進み，ここで再び一礼をする。そして，学校名と氏名を名のって静かに着席する。着席時は，軽く椅子にかけるようにする。

●面接終了と退室

面接の終了が告げられたら，椅子から立ち上がって一礼し，椅子をもとに戻して，面接官または係員の指示を受けて退室する。

その際も，ドアの前で面接官のほうを向いて頭を下げ，静かにドアを開閉する。控え室に戻ったら，係員の指示を受けて退社する。

05 面接試験の評定基準

●協調性

企業という「集団」では，他人との協調性が特に重視される。

感情や態度が円満で調和がとれていること，極端に好悪の情が激しくなく，物事の見方や考え方が穏健で中立であることなど，職場での人間関係を円滑に進めていくことのできる人物かどうかが評価される。

●話し方

外観印象的には，言語の明瞭さや応答の態度そのものがチェックされる。小さな声で自信のない発言，乱暴野卑な発言は減点になる。

考えをまとめたら，言葉を選んで話すくらいの余裕をもって，真剣に応答しようとする姿勢が重視される。軽率な応答をしたり，まして発言に矛盾を指摘されるような事態は極力避け，もしそのような状況になりそうなときは，自分の非を認めてはっきりと謝るような態度を示すべき。

●好感度

実社会においては，外観による第一印象が，人間関係や取引に大きく影響を及ぼす。

「フレッシュな爽やかさ」に加え，入社志望など，自分の意思や希望をより明確にすることで，強い信念に裏づけられた姿勢をアピールできるよう努力したい。

●判断力

何を質問されているのか，何を答えようとしているのか，常に冷静に判断していく必要がある。

● **表現力**

話に筋道が通り理路整然としているか，言いたいことが簡潔に言えるか，話し方に抑揚があり聞く者に感銘を与えるか，用語が適切でボキャブラリーが豊富かどうか。

● **積極性**

活動意欲があり，研究心旺盛であること，進んで物事に取り組み，創造的に解決しようとする意欲が感じられること，話し方にファイトや情熱が感じられること，など。

● **計画性**

見通しをもって順序よく合理的に仕事をする性格かどうか，またその能力の有無。企業の将来性のなかに，自分の将来をどうかみ合わせていこうとしているか，現在の自分を出発点として，何を考え，どんな仕事をしたいのか。

● **安定性**

情緒の安定は，社会生活に欠くことのできない要素。自分自身をよく知っているか，他の人に流されない信念をもっているか。

● **誠実性**

自分に対して忠実であろうとしているか，物事に対してどれだけ誠実な考え方をしているか。

● **社会性**

企業は集団活動なので，自分の考えに固執したり，不平不満が多い性格は向かない。柔軟で適応性があるかどうか。

清潔感や明朗さ，若々しさといった外観面も重視される。

06 面接試験の質問内容

1. 志望動機

受験先の概要や事業内容はしっかりと頭の中に入れておく。また，その企業の企業活動の社会的意義と，自分自身の志望動機との関連を明確にしておく。「安定している」「知名度がある」「将来性がある」といった利己的な動機，「自

分の性格に合っている」というような，あいまいな動機では説得力がない。安定性や将来性は，具体的にどのような企業努力によって支えられているのかという考察も必要だし，それに対する受験者自身の評価や共感なども問われる。

①どうしてその業種なのか

②どうしてその企業なのか

③どうしてその職種なのか

以上の①〜③と，自分の性格や資質，専門などとの関連性を説明できるようにしておく。

自分がどうしてその会社を選んだのか，どこに大きな魅力を感じたのかを，できるだけ具体的に，情熱をもって語ることが重要。自分の長所と仕事の適性を結びつけてアピールし，仕事のやりがいや仕事に対する興味を述べるのもよい。

■複数の企業を受験していることは言ってもいい？

同じ職種，同じ業種で何社かかけもちしている場合，正直に答えてもかまわない。しかし，「第一志望はどこですか」というような質問に対して，正直に答えるべきかどうかというと，やはりこれは疑問がある。どんな会社でも，他社を第一志望にあげられれば，やはり愉快には思わない。

また，職種や業種の異なる会社をいくつか受験する場合も同様で，極端に性格の違う会社をあげれば，その矛盾を突かれるのは必至だ。

2. 仕事に対する意識・職業観

採用試験の段階では，次年度の配属予定が具体的に固まっていない会社もかなりある。具体的に職種や部署などを細分化して募集している場合は別だが，そうでない場合は，希望職種をあまり狭く限定しないほうが賢明。どの業界においても，採用後，新入社員には，研修としてその会社の各セクションをひと通り経験させる企業は珍しくない。そのうえで，具体的な配属計画を検討するのだ。

大切なことは，就職や職業というものを，自分自身の生き方の中にどう位置づけるか，また，自分の生活の中で仕事とはどういう役割を果たすのかを考えてみること。つまり自分の能力を活かしたい，社会に貢献したい，自分の存在価値を社会的に実現してみたい，ある分野で何か自分の力を試してみたい……，などの場合を考え，それを自分自身の人生観，志望職種や業種などとの関係を考えて組み立ててみる。自分の人生観をもとに，それを自分の言葉で表現できるようにすることが大切。

3. 自己紹介・自己PR

性格そのものを簡単に変えたり，欠点を克服したりすることは実際には難しいが，"仕方がない"という姿勢を見せることは禁物で，どんなささいなことでも，努力している面をアピールする。また一般的にいって，専門職を除けば，就職時になんらかの資格や技能を要求する企業は少ない。

ただ，資格をもっていれば採用に有利とは限らないが，専門性を要する業種では考慮の対象とされるものもある。たとえば英検，簿記など。

企業が学生に要求しているのは，4年間の勉学を重ねた学生が，どのように仕事に有用であるかということで，学生の知識や学問そのものを聞くのが目的ではない。あくまで，社会人予備軍としての謙虚さと素直さを失わないようにする。

知識や学力よりも，その人の人間性，ビジネスマンとしての可能性を重視するからこそ，面接担当者は，学生生活全般について尋ねることで，書類だけでは分からない人間性を探ろうとする。

何かうち込んだものや思い出に残る経験などは，その人の人間的な成長になんらかの作用を及ぼしているものだ。どんな経験であっても，そこから受けた印象や教訓などは，明確に答えられるようにしておきたい。

4. 一般常識・時事問題

一般常識・時事問題については筆記試験の分野に属するが，面接でこうしたテーマがもち出されることも珍しくない。受験者がどれだけ社会問題に関心をもっているか，一般常識をもっているか，また物事の見方・考え方に偏りがないかなどを判定する。知識や教養だけではなく，一問一答の応答を通じて，その人の性格や適応能力まで判断されることになる。

07 面接に向けての事前準備

■面接試験1カ月前までには万全の準備をととのえる

●志望会社・職種の研究

新聞の経済欄や経済雑誌などのほか，会社年鑑，株式情報など書物による研究をしたり，インターネットにあがっている企業情報や，検索によりさまざまな角度から調べる。すでにその会社へ就職している先輩や知人に会って知識を得たり，大学のキャリアセンターへ情報を求めるなどして総合的に判断する。

■専攻科目の知識・卒論のテーマなどの整理

大学時代にどれだけ勉強してきたか，専攻科目や卒論のテーマなどを整理しておく。

■**時事問題に対する準備**

毎日欠かさず新聞を読む。志望する企業の話題は，就職ノートに整理するなどもアリ。

面接当日の必需品

- ❏必要書類（履歴書，卒業見込証明書，成績証明書，健康診断書，推薦状）
- ❏学生証
- ❏就職ノート（志望企業ファイル）
- ❏印鑑，朱肉
- ❏筆記用具（万年筆，ボールペン，サインペン，シャープペンなど）
- ❏手帳，ノート
- ❏地図（訪問先までの交通機関などをチェックしておく）
- ❏現金（小銭も用意しておく）
- ❏腕時計（オーソドックスなデザインのもの）
- ❏ハンカチ，ティッシュペーパー
- ❏くし，鏡（女性は化粧品セット）
- ❏シューズクリーナー
- ❏ストッキング
- ❏折りたたみ傘（天気予報をチェックしておく）
- ❏携帯電話，充電器

■**一般常識試験**

社会人として企業活動を行ううえで最低限必要となる一般常識のほか，
英語，国語，社会(時事問題)，数学などの知識の程度を確認するもの。

　難易度はおおむね中学・高校の教科書レベル。一般常識の問題集を1冊やっ
ておけばよいが，業界によっては専門分野が出題されることもあるため，必ず
志望する企業のこれまでの試験内容は調べておく。

■**一般常識試験の対策**

　・**英語**　慣れておくためにも，教科書を復習する，英字新聞を読むなど。

　・**国語**　漢字，四字熟語，反対語，同音異義語，ことわざをチェック。

　・**時事問題**　新聞や雑誌，テレビ，ネットニュースなどアンテナを張っておく。

■**適性検査**

　SPI（Synthetic Personality Inventory）試験（SPI3試験）とも呼ばれ，能力
テストと性格テストを合わせたもの。

　能力テストでは国語能力を測る「言語問題」と，数学能力を測る「非言語問題」
がある。言語的能力，知覚能力，数的能力のほか，思考・推理能力，記憶力，
注意力などの問題で構成されている。

　性格テストは「はい」か「いいえ」で答えていく。仕事上の適性と性格の傾向
などが一致しているかどうかをみる。

SPIは職務への適応性を客観的にみるためのもの。

01 「論文」と「作文」

　一般に「論文」はあるテーマについて自分の意見を述べ，その論証をする文章で，必ず意見の主張とその論証という2つの部分で構成される。問題提起と論旨の展開，そして結論を書く。

　「作文」は，一般的には感想文に近いテーマ，たとえば「私の興味」「将来の夢」といったものがある。

　就職試験では「論文」と「作文」を合わせた"論作文"とでもいうようなものが出題されることが多い。

　論作文試験とは，「文章による面接」。テーマに書き手がどういう態度を持っているかを知ることが，出題の主な目的だ。受験者の知識・教養・人生観・社会観・職業観，そして将来への希望などが，どのような思考を経て，どう表現されているかによって，企業にとって，必要な人物かどうかを判断している。

　論作文の場合には，書き手の社会的意識や考え方に加え，「感銘を与える」働きが要求される。就職活動とは，企業に対し「自分をアピールすること」だということを常に念頭に置いておきたい。

Point

論文と作文の違い

	論　文	作　文
テーマ	学術的・社会的・国際的なテーマ。時事，経済問題など	個人的・主観的なテーマ。人生観，職業観など
表現	自分の意見や主張を明確に述べる。	自分の感想を述べる。
展開	四段型（起承転結）の展開が多い。	三段型（はじめに・本文・結び）の展開が多い。
文体	「だ調・である調」のスタイルが多い。	「です調・ます調」のスタイルが多い。

・テーマ

与えられた課題（テーマ）を，受験者はどのように理解しているか。

出題されたテーマの意義をよく考え，それに対する自分の意見や感情が，十分に整理されているかどうか。

・表現力

課題について本人が感じたり，考えたりしたことを，文章で的確に表しているか。

・字・用語・その他

かなづかいや送りがなが合っているか，文中で引用されている格言やことわざの類が使用法を間違えていないか，さらに誤字・脱字に至るまで，文章の基本的な力が受験者の人柄ともからんで厳密に判定される。

・オリジナリティ

魅力がある文章とは，オリジナリティを率直に出すこと。自分の感情や意見を，自分の言葉で表現する。

・生活態度

文章は，書き手の人格や人柄を映し出す。平素の社会的関心や他人との協調性，趣味や読書傾向はどうであるかといった，受験者の日常における生き方，生活態度がみられる。

・字の上手・下手

できるだけ読みやすい字を書く努力をする。また，制限字数より文章が長くなって原稿用紙の上下や左右の空欄に書き足したりすることは避ける。消しゴムで消す場合にも，丁寧に。

いずれの場合でも，表面的な文章力を問うているのではなく，受験者の人柄のほうを重視している。

実践編 マナーチェックリスト

就活において企業の人事担当は，面接試験やOG／OB訪問，そして面接試験において，あなたのマナーや言葉遣いといった，「常識力」をチェックしている。現在の自分はどのくらい「常識力」が身についているかをチェックリストで振りかえり，何ができて，何ができていないかを明確にしたうえで，今後の取り組みに生かしていこう。

評価基準 5：大変良い　4：やや良い　3：どちらともいえない　2：やや悪い　1：悪い

	項　目	評　価	メ　モ
挨拶	明るい笑顔と声で挨拶をしているか		
	相手を見て挨拶をしているか		
	相手より先に挨拶をしているか		
	お辞儀を伴った挨拶をしているか		
	直接の応対者でなくても挨拶をしているか		
表情	笑顔で応対しているか		
	表情に私的感情がでていないか		
	話しかけやすい表情をしているか		
	相手の話は真剣な顔で聞いているか		
身だしなみ	前髪は目にかかっていないか		
	髪型は乱れていないか／長い髪はまとめているか		
	髭の剃り残しはないか／化粧は健康的か		
	服は汚れていないか／清潔に手入れされているか		
	機能的で職業・立場に相応しい服装をしているか		
	華美なアクセサリーはつけていないか		
	爪は伸びていないか		
	靴下の色は適当か／ストッキングの色は自然な肌色か		
	靴の手入れは行き届いているか		
	ポケットに物を詰めすぎていないか		

項　目	評　価	メ　モ
専門用語を使わず，相手にわかる言葉で話しているか		
状況や相手に相応しい敬語を正しく使っているか		
相手の聞き取りやすい音量・速度で話しているか		
語尾まで丁寧に話しているか		
気になる言葉癖はないか		
物の授受は両手で丁寧に実施しているか		
案内・指し示し動作は適切か		
キビキビとした動作を心がけているか		
勤務時間・指定時間の5分前には準備が完了しているか		
心身ともに健康管理をしているか		
仕事とプライベートの切替えができているか		

（左側縦ラベル：言葉遣い／動作／心構え）

☑ 常に自己点検をするクセをつけよう

「人を表情やしぐさ，身だしなみなどの見かけで判断してはいけない」と一般にいわれている。確かに，人の個性は見かけだけではなく，内面においても見いだされるもの。しかし，私たちは人を第一印象である程度決めてしまう傾向がある。それが面接試験など初対面の場合であればなおさらだ。したがって，チェックリストにあるような挨拶，表情，身だしなみ等に注意して面接試験に臨むことはとても重要だ。ただ，これらは面接試験前にちょっと対策したからといって身につくようなものではない。付け焼き刃的な対策をして面接試験に臨んでも，面接官はあっという間に見抜いてしまう。日頃からチェックリストにあるような項目を意識しながら行動することが大事であり，そうすることで，最初はぎこちない挨拶や表情等も，その人の個性に応じたすばらしい所作へ変わっていくことができるのだ。さっそく，本日から実行してみよう。

面接試験において，印象を決定づける表情はとても大事。
どのようにすれば感じのいい表情ができるのか，ポイントを確認していこう。

明るく,温和で
柔らかな表情をつくろう

人間関係の潤滑油

表情に関しては，まずは豊かである
ということがベースになってくる。う
れしい表情，困った表情，驚いた表
情など，さまざまな気持ちを表現で
きるということが，人間関係を潤いの
あるものにしていく。

Point

　表情はコミュニケーションの大前提。相手に「いつでも話しかけてくださ
いね」という無言の言葉を発しているのが，就活に求められる表情だ。面接
官が安心してコミュニケーションをとろうと思ってくれる表情。それが，明
るく，温和で柔らかな表情となる。

いますぐデキる
カンタンTraining

Training 01

喜怒哀楽を表してみよう

- ・人との出会いを楽しいと思うことが表情の基本
- ・表情を豊かにする大前提は相手の気持ちに寄り添うこと
- ・目元・口元だけでなく，眉の動きを意識することが大事

Training 02

表情筋のストレッチをしよう

- ・表情筋は「ウイスキー」の発音によって鍛える
- ・意識して毎日，取り組んでみよう
- ・笑顔の共有によって相手との距離が縮まっていく

コミュニケーションは挨拶から始まり，その挨拶ひとつで印象は変わるもの。
ポイントを確認していこう。

丁寧にしっかりと はっきり挨拶をしよう

人間関係の第一歩

挨拶は心を開いて，相手に近づくコ
ミュニケーションの第一歩。たかが
挨拶，されど挨拶の重要性をわきま
えて，きちんとした挨拶をしよう。形，
つまり"技"も大事だが，心をこめ
ることが最も重要だ。

Point

　挨拶はコミュニケーションの第一歩。相手が挨拶するのを待っているの
は望ましくない。挨拶の際のポイントは丁寧であることと，はっきり声に出
すことの2つ。丁寧な挨拶は，相手を大事にして迎えている気持ちの表れ
となる。はっきり声に出すことで，これもきちんと相手を迎えていることが
伝わる。また，相手もその応答として挨拶してくれることで，会ってすぐに
双方向のコミュニケーションが成立する。

いますぐデキる
カンタンTraining

Training 01

３つのお辞儀をマスターしよう

① 会釈（15度）   ② 敬礼（30度）   ③ 最敬礼（45度）

・息を吸うことを意識してお辞儀をするとキレイな姿勢に
・目線は真下ではなく，床前方1.5m先ぐらいを見よう
・相手への敬意を忘れずに

Training 02

対面時は言葉が先，お辞儀が後

・相手に体を向けて先に自ら挨拶をする
・挨拶時，相手とアイコンタクトを
　しっかり取ろう
・挨拶の後に，お辞儀をする。
　これを「語先後礼」という

コミュニケーションは「話す」よりも「聞く」ことといわれる。相手が話しやすい聞き方の，ポイントを確認しよう。

受容の立場で
傾聴しよう

相手の話を受けとめる

話を聞くときは，やや前に傾く姿勢をとる。表情と姿勢が合わさることにより，話し手の心が開き「あれも，これも話そう」という気持ちになっていく。また，「はい」と一度のお辞儀で頷くと相手の話を受け止めているというメッセージにつながる。

Point

　話をすること，話を聞いてもらうことは誰にとってもプレッシャーを伴うもの。そのため，「何でも話して良いんですよ」「何でも話を聞きますよ」「心配しなくて良いんですよ」という気持ちで聞くことが大切になる。その気持ちが聞く姿勢に表れれば，相手は安心して話してくれる。

いますぐデキる
カンタンTraining

Training 01

頷きは一度で

- 相手が話した後に「はい」と
  一言発する
- 頷きすぎは逆効果

Training 02

目線は自然に

- 鼻の付け根あたりを見ると
  自然な印象に
- 目を見つめすぎるのはNG

Training 03

話の句読点で視線を移す

- 視線は話している人を見ることが基本
- 複数の人の話を聞くときは句読点を意識し,
  視線を振り分けることで聞く姿勢を表す

自分の意思を相手に明確に伝えるためには，話し方が重要となる。はっきりと
的確に話すためのポイントを確認しよう。

明るい発声を
心がけよう

ボリュームを意識して

話すときのポイントとしては，ボリュームを意識する
ことが挙げられる。会議室の一番奥にいる人に声が
届くように意識することで，声のボリュームはコント
ロールされていく。

Point

　コミュニケーションとは「伝達」すること。どのようなことも，適当に伝
えるのではなく，伝えるべきことがきちんと相手に届くことが大切になる。
そのためには，はっきりと，分かりやすく，丁寧に，心を込めて話すこと。
言葉だけでなく，表情やジェスチャーを加えることも有効。

いますぐデキる
カンタンTraining

Training 01
腹式呼吸で発声練習

- 「あえいうえおあお」と発声する
- 腹式呼吸は，胸部をなるべく動かさずに，息を吸うときにお腹や腰が膨らむよう意識する呼吸法

Training 02
早口言葉にチャレンジ

> おあやや
> 母親に
> お謝り

- 「おあやや，母親に，お謝り」と早口で
- 口がすぼまった「お」と口が開いた「あ」の発音に，変化をつけられるかがポイント

Training 03
ジェスチャーを有効活用

- 腰より上でジェスチャーをする
- 体から離した位置に手をもっていく
- ジェスチャーをしたら戻すところをさだめておく

身だしなみはその人自身を表すもの。身だしなみの基本について，ポイントを確認しよう。

清潔感,さわやかさを醸し出せるようにしよう

プロの企業人にふさわしい身だしなみを

信頼感，安心感をもたれる身だしなみを考えよう。TPOに合わせた服装は，すなわち"礼"を表している。そして，身だしなみには，「清潔感」，「品のよさ」，「控え目である」という，3つのポイントがある。

Point

相手との心理的な距離や物理的な距離が遠ければ，コミュニケーションは成立しにくくなる。見た目が不潔では誰も近付いてこない。身だしなみが清潔であること，爽やかであることは相手との距離を縮めることにも繋がる。

カンタンTraining

Training 01

髪型，服装を整えよう

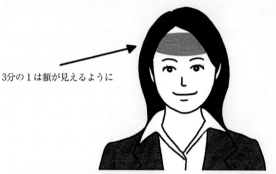

3分の1は額が見えるように

- 男性も女性も眉が見える髪型が望ましい。3分の1は額が見えるように。額は知性と清潔感を伝える場所。男性の髪の長さは耳や襟にかからないように
- スーツで相手の前に立つときは，ボタンはすべて留める。男性の場合は下のボタンは外す

Training 02

おしゃれとの違いを明確に

- 爪はできるだけ切りそろえる
- 爪の中の汚れにも注意
- ジェルネイル，ネイルアートはNG

Training 03

足元にも気を配って

- 女性の場合はパンプス，男性の場合は黒の紐靴が望ましい
- 靴はこまめに汚れを落とし見栄えよく

姿勢にはその人の意欲が反映される。前向き，活動的な姿勢を表すにはどうしたらよいか，ポイントを確認しよう。

前向き,活動的な姿勢を維持しよう

一直線と左右対称

正しい立ち姿として，耳，肩，腰，くるぶしを結んだ線が一直線に並んでいることが最大のポイントになる。そのラインが直線に近づくほど立ち姿がキレイに整っていることになる。また，"左右対称"というのもキレイな姿勢の要素のひとつになる。

Point

　姿勢は，身体と心の状態を反映するもの。そのため，良い姿勢でいることは，印象が清々しいだけでなく，健康で元気そうに見え，話しかけやすさにも繋る。歩く姿勢，立つ姿勢，座る姿勢など，どの場面にも心身の健康状態が表れるもの。日頃から心身の健康状態に気を配り，フィジカルとメンタル両面の自己管理を心がけよう。

カンタンTraining

Training **01**

キレイな歩き方を心がけよう

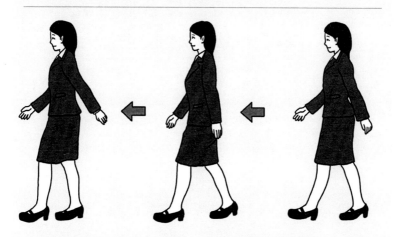

- 女性は1本の線上を，男性はそれよりも太い線上を沿うように歩く
- 一歩踏み出したときに前の足に体重を乗せるように，腰から動く
- 12時の方向につま先をもっていく

Training **02**

前向きな気持ちを持とう

- 常に前向きな気持ちが姿勢を正す
- ポジティブ思考を心がけよう

言葉遣いの正しさはとは，場面にあった言葉を遣うということ。相手を気づかいながら，言葉を選ぶことで，より正しい言葉に近づいていく。

相手と場面に合わせた
ふさわしい言葉遣いを

次の文は接客の場面でよくある間違えやすい敬語です。
それぞれの言い方は○×どちらでしょうか。

問1 「資料をご拝読いただきありがとうございます」

問2 「こちらのパンフレットはもういただかれましたか？」

問3 「恐れ入りますが，こちらの用紙にご記入してください」

問4 「申し訳ございませんが，来週，休ませていただきます」

問5 「先ほどの件，帰りましたら上司にご報告いたしますので」

Point

　ビジネスのシーンに敬語は欠くことができない。何度もやり取りをしていく中で，親しさの度合いによっては，あえてくだけた表現を用いることもあるが，「親しき仲にも礼儀あり」と言われるように，敬意や心づかいをおろそかにしてはいけないもの。相手に誤解されたり，相手の気分を壊すことのないように，相手や場面にふさわしい言葉遣いが大切になる。

解答と解説

問1 （×） ○正しい言い換え例

→「ご覧いただきありがとうございます」など

「拝読」は自分が「読む」意味の謙譲語なので，相手の行為に使うのは誤り。読むと見るは同義なため，多く，見るの尊敬語「ご覧になる」が用いられる。

問2 （×） ○正しい言い換え例

→「お持ちですか」「お渡ししましたでしょうか」 など

「いただく」は，食べる・飲む・もらうの謙譲語。「もらったかどうか」と聞きたいのだから，「おもらいになりましたか」と言えないこともないが，持っているかどうか，受け取ったかどうかという意味で「お持ちですか」などが使われることが多い。また，自分側が渡すような場合は，「お渡しする」を使って「お渡ししましたでしょうか」などの言い方に換えることもできる。

問3 （×） ○正しい言い換え例

→「恐れ入りますが，こちらの用紙にご記入ください」など

「ご記入する」の「お（ご）〜する」は謙譲語の形。相手の行為を謙譲語で表すことになるため誤り。「して」を取り除いて「ご記入ください」か，和語に言い換えて「お書きください」とする。ほかにも「お書き／ご記入・いただけますでしょうか・願います」などの表現もある。

問4 （△）

有給休暇を取る場合や，弔事等で休むような場面で，用いられることも多い。「休ませていただく」ということで一見丁寧に響くが，「来週休むと自分で休みを決めている」という勝手な表現にも受け取られかねない言葉だ。ここは同じ「させていただく」を用いても，相手の都合をうかがう言い方に換えて「○○がございまして，申し訳ございませんが，休みをいただいてもよろしいでしょうか」などの言い換えが好ましい。

問5 （×）○正しい言い換え例

→「上司に報告いたします」

「ご報告いたします」は，ソトの人との会話で使うとするならば誤り。「ご報告いたします」の「お・ご〜いたす」は，「お・ご〜する」と「〜いたす」という2つの敬語を含む言葉。そのうちの「お・ご〜する」は，主語である自分を低めて相手＝上司を高める働きをもつ表現（謙譲語I）。一方「〜いたす」は，主語の私を低めて，話の聞き手に対して丁重に述べる働きをもつ表現（謙譲語II 丁重語）。「お・ご〜する」も「〜いたす」も同じ謙譲語であるため紛らわしいが，主語を低める（謙譲）という働きは同じでも，行為の相手を高める働きがあるかないかという点に違いがあるといえる。

就職活動のはじめかた　　185

敬語は正しく使用することで，相手の印象を大きく変えることができる。尊敬語，謙譲語の区別をはっきりつけて，誤った用法で話すことのないように気をつけよう。

言葉の使い方が
マナーを表す!

■よく使われる尊敬語の形　「言う・話す・説明する」の例

専用の尊敬語型	おっしゃる
～れる・～られる型	言われる・話される・説明される
お（ご）～になる型	お話しになる・ご説明になる
お（ご）～なさる型	お話しなさる・ご説明なさる

■よく使われる謙譲語の形　「言う・話す・説明する」の例

専用の謙譲語型	申す・申し上げる
お（ご）～する型	お話しする・ご説明する
お（ご）～いたす型	お話しいたします・ご説明いたします

Point

　同じ尊敬語・謙譲語でも，よく使われる代表的な形がある。ここではその一例をあげてみた。敬語の使い方に迷ったときなどは，まずはこの形を思い出すことで，大抵の語はこの型にはめ込むことができる。同じ言葉を用いたほうがよりわかりやすいといえるので，同義に使われる「言う・話す・説明する」を例に考えてみよう。

　ほかにも「お話しくださる」や「お話しいただく」「お元気でいらっしゃる」などの形もあるが，まずは表の中の形を見直そう。

なお，尊敬語の中の「言われる」などの「れる・られる」を付けた形は省力している。

基本	尊敬語（相手側）	謙譲語（自分側）
会う	お会いになる	お目にかかる・お会いする
言う	おっしゃる	申し上げる・申す
行く・来る	いらっしゃる おいでになる お見えになる お越しになる お出かけになる	伺う・参る お伺いする・参上する
いる	いらっしゃる・おいでになる	おる
思う	お思いになる	存じる
借りる	お借りになる	拝借する・お借りする
聞く	お聞きになる	拝聴する 拝聞する お伺いする・伺う お聞きする
知る	ご存じ（知っているという意で）	存じ上げる・存じる
する	なさる	いたす
食べる・飲む	召し上がる・お召し上がりになる お飲みになる	いただく・頂戴する
見る	ご覧になる	拝見する
読む	お読みになる	拝読する

「お伺いする」「お召し上がりになる」などは，「伺う」「召し上がる」自体が敬語なので
「二重敬語」ですが，慣習として定着しており間違いではないもの。

Point

　上記の「敬語表」は，よく使うと思われる動詞をそれぞれ尊敬語・謙譲語
で表したもの。このように大体の言葉は型にあてはめることができる。言
葉の中には「お（ご）」が付かないものもあるが，その場合でも「〜なさる」
を使って，「スピーチなさる」や「運営なさる」などと言うことができる。ま
た，表では，「言う」の尊敬語「言われる」の例は省いているが，れる・ら
れる型の「言われる」よりも「おっしゃる」「お話しになる」「お話しなさる」
などの言い方のほうが，より敬意も高く，言葉としても何となく響きが落ち
着くといった印象を受けるものとなる。

会話は相手があってのこと。いかなる場合でも，相手に対する心くばりを忘れないことが，会話をスムーズに進めるためのコツになる。

心くばりを添えるひと言で
言葉の印象が変わる!

　相手に何かを頼んだり，また相手の依頼を断ったり，相手の抗議に対して反論したりする場面では，いきなり自分の意見や用件を切り出すのではなく，場面に合わせて心くばりを伝えるひと言を添えてから本題に移ると，響きがやわらかくなり，こちらの意向も伝えやすくなる。俗にこれは「クッション言葉」と呼ばれている。(右表参照)

Point

　ビジネスの場面で，相手と話したり手紙やメールを送る際には，何か依頼事があってという場合が多いもの。その場合に「ちょっとお願いなんですが…」では，ふだんの会話と変わりがないものになってしまう。そこを「突然のお願いで恐れ入りますが」「急にご無理を申しまして」「こちらの勝手で恐縮に存じますが」「折り入ってお願いしたいことがございまして」などの一言を添えることで，直接的なきつい感じが和らぐだけでなく，「申し訳ないのだけれど，もしもそうしていただくことができればありがたい」という，相手への配慮や願いの気持ちがより強まる。このような前置きの言葉もうまく用いて，言葉に心くばりを添えよう。

相手の意向を尋ねる場合	「よろしければ」「お差し支えなければ」 「ご都合がよろしければ」「もしお時間がありましたら」 「もしお嫌いでなければ」「ご興味がおありでしたら」
相手に面倒を かけてしまうような場合	「お手数をおかけしますが」 「ご面倒をおかけしますが」 「お手を煩わせまして恐縮ですが」 「お忙しい時に申し訳ございませんが」 「お時間を割いていただき申し訳ありませんが」 「貴重なお時間を頂戴し恐縮ですが」
自分の都合を 述べるような場合	「こちらの勝手で恐縮ですが」 「こちらの都合（ばかり）で申し訳ないのですが」 「私どもの都合ばかりを申しまして，まことに申し訳な く存じますが」 「ご無理を申し上げまして恐縮ですが」
急な話をもちかけた場合	「突然のお願いで恐れ入りますが」 「急にご無理を申しまして」 「もっと早くにご相談申し上げるべきところでございま したが」 「差し迫ってのことでまことに申し訳ございませんが」
何度もお願いする場合	「たびたびお手数をおかけしまして恐縮に存じますが」 「重ね重ね恐縮に存じますが」 「何度もお手を煩わせまして申し訳ございませんが」 「ご面倒をおかけしてばかりで，まことに申し訳ござい ませんが」
難しいお願いをする場合	「ご無理を承知でお願いしたいのですが」 「たいへん申し上げにくいのですが」 「折り入ってお願いしたいことがございまして」
あまり親しくない相手に お願いする場合	「ぶしつけなお願いで恐縮ですが」 「ぶしつけながら」 「まことに厚かましいお願いでございますが」
相手の提案・誘いを断る場合	「申し訳ございませんが」 「（まことに）残念ながら」 「せっかくのご依頼ではございますが」 「たいへん恐縮ですが」 「身に余るお言葉ですが」 「まことに失礼とは存じますが」 「たいへん心苦しいのですが」 「お引き受けしたいのはやまやまですが」
問い合わせの場合	「つかぬことをうかがいますが」 「突然のお尋ねで恐縮ですが」

ここでは文章の書き方における，一般的な敬称について言及している。はがき，手紙，メール等，通信手段はさまざま。それぞれの特性をふまえて有効活用しよう。

相手の気持ちになって
見やすく美しく書こう

■敬称のいろいろ

敬称	使う場面	例
様	職名・役職のない個人	（例）飯田知子様／ご担当者様／経理部長　佐藤一夫様
殿	職名・組織名・役職のある個人（公用文など）	（例）人事部長殿／教育委員会殿／田中四郎殿
先生	職名・役職のない個人	（例）松井裕子先生
御中	企業・団体・官公庁などの組織	（例）○○株式会社御中
各位	複数あてに同一文書を出すとき	（例）お客様各位／会員各位

Point

　封筒・はがきの表書き・裏書きは縦書きが基本だが，洋封筒で親しい人にあてる場合は，横書きでも問題ない。いずれにせよ，定まった位置に，丁寧な文字でバランス良く，正確に記すことが大切。特に相手の住所や名前を乱雑な文字で書くのは，配達の際の間違いを引き起こすだけでなく，受け取る側に不快な思いをさせる。相手の気持ちになって，見やすく美しく書くよう心がけよう。

■各通信手段の長所と短所

	長所	短所	用途
封書	・封を開けなければ本人以外の目に触れることがない。 ・丁寧な印象を受ける。	・多量の資料・画像送付には不向き。 ・相手に届くまで時間がかかる。	・儀礼的な文書(礼状・わび状など) ・目上の人あての文書 ・重要な書類 ・他人に内容を読まれたくない文書
はがき・カード	・封書よりも気軽にやり取りできる。 ・年賀状や季節の便り,旅先からの連絡など絵はがきとしても楽しむことができる。	・封に入っていないため,第三者の目に触れることがある。 ・中身が見えるので,改まった礼状やわび状,こみ入った内容には不向き。 ・相手に届くまで時間がかかる。	・通知状　・案内状 ・送り状　・旅先からの便り ・各種お祝い　・お礼 ・季節の挨拶
FAX	・手書きの図やイラストを文章といっしょに送れる。 ・すぐに届く。 ・控えが手元に残る。	・多量の資料の送付には不向き。 ・事務的な用途で使われることが多く,改まった内容の文書,初対面の人へは不向き。	・地図,イラストの入った文書 ・印刷物(本・雑誌など)
電話	・急ぎの連絡に便利。 ・相手の反応をすぐに確認できる。 ・直接声が聞けるので,安心感がある。	・連絡できる時間帯が制限される。 ・長々としたこみ入った内容は伝えづらい。	・緊急の用件 ・確実に用件を伝えたいとき
メール	・瞬時に届く。　・控えが残る。 ・コストが安い。 ・大容量の資料や画像をデータで送ることができる。 ・一度に大勢の人に送ることができる。 ・相手の居場所や状況を気にせず送れる。	・事務的な印象を与えるので,改まった礼状やわび状には不向き。 ・パソコンや携帯電話を持っていない人には送れない。 ・ウィルスなどへの対応が必要。	・データで送りたいとき ・ビジネス上の連絡

Point

　はがきは手軽で便利だが,おわびやお願い,格式を重んじる手紙には不向きとなる。この種の手紙は内容もこみ入ったものとなり,加えて丁寧な文章で書かなければならないので,数行で済むことはまず考えられない。また,封筒に入っていないため,他人の目に触れるという難点もある。このように,はがきにも長所と短所があるため,使う場面や相手によって,他の通信手段と使い分けることが必要となる。

　はがき以外にも,封書・電話・FAX・メールなど,現代ではさまざまな通信手段がある。上に示したように,それぞれ長所と短所があるので,特徴を知って用途によって上手に使い分けよう。

社会人のマナーとして，電話応対のスキルは必要不可欠。まずは失礼なく電話に出ることからはじめよう。積極性が重要だ。

相手の顔が見えない分
対応には細心の注意を

■電話をかける場合

---

① 〇〇先生に電話をする

× 「私，□□社の××と言いますが，〇〇様はおられますでしょうか？」

○ 「××と申しますが，〇〇様はいらっしゃいますか？」

「おられますか」は「おる」を謙譲語として使うため，通常は相手がいるかどうかに関しては，「いらっしゃる」を使うのが一般的。

---

② 相手の状況を確かめる

× 「こんにちは，××です，先日のですね…」

○ 「××です，先日は有り難うございました，今お時間よろしいでしょうか？」

相手が忙しくないかどうか，状況を聞いてから話を始めるのがマナー。また，やむを得ず夜間や早朝，休日などに電話をかける際は，「夜分（朝早く）に申し訳ございません」「お休みのところ恐れ入ります」などのお詫びの言葉もひと言添えて話す。

---

③ 相手が不在，何時ごろ戻るかを聞く場合

× 「戻りは何時ごろですか？」

○ 「何時ごろお戻りになりますでしょうか？」

「戻り」はそのままの言い方，相手にはきちんと尊敬語を使う。

---

④ また自分からかけることを伝える

× 「そうですか，ではまたかけますので」

○ 「それではまた後ほど（改めて）お電話させていただきます」

戻る時間がわかる場合は，「またお戻りになりましたころにでも」「また午後にでも」などの表現もできる。

■電話を受ける場合

① 電話を取ったら

× 「はい，もしもし，○○（社名）ですが」
○ **「はい，○○（社名）でございます」**

② 相手の名前を聞いて

× 「どうも，どうも」
○ **「いつもお世話になっております」**

　あいさつ言葉として定着している決まり文句ではあるが，日頃のお付き合いがあってこそ。あいさつ言葉もきちんと述べよう。「お世話様」という言葉も時折耳にするが，敬意が軽い言い方となる。適切な言葉を使い分けよう。

③ 相手が名乗らない

× 「どなたですか？」「どちらさまですか？」
○ **「失礼ですが，お名前をうかがってもよろしいでしょうか？」**

名乗るのが基本だが，尋ねる態度も失礼にならないように適切な応対を心がけよう。

④ 電話番号や住所を教えてほしいと言われた場合

× 「はい，いいでしょうか？」　　× 「メモのご用意は？」
○ **「はい，申し上げます，よろしいでしょうか？」**

　「メモのご用意は？」は，一見親切なようにも聞こえるが，尋ねる相手も用意していることがほとんど。押し付けがましくならない程度に。

⑤ 上司への取次を頼まれた場合

× 「はい，今代わります」　　× 「○○部長ですね，お待ちください」
○ **「部長の○○でございますね，ただいま代わりますので，少々お待ちくださいませ」**

　○○部長という表現は，相手側の言い方となる。自分側を述べる場合は，「部長の○○」「○○」が適切。

Point

　自分から電話をかける場合は，まずは自分の会社名や氏名を名乗るのがマナー。たとえ目的の相手が直接出た場合でも，電話では相手の様子が見えないことがほとんど。自分の勝手な判断で話し始めるのではなく，相手の都合を伺い，そのうえで話を始めるのが社会人として必要な気配りとなる。

デキるオトナをアピール

時候の挨拶

月	漢語調の表現 候，みぎりなどを付けて用いられます	口語調の表現
1月 （睦月）	初春・新春　頌春・ 小寒・大寒・厳寒	皆様におかれましては，よき初春をお迎えのことと存じます／厳しい寒さが続いております／珍しく暖かな寒の入りとなりました／大寒という言葉通りの厳しい寒さでございます
2月 （如月）	春寒・余寒・残寒・ 立春・梅花・向春	立春とは名ばかりの寒さ厳しい毎日でございます／梅の花もちらほらとふくらみ始め，春の訪れを感じる今日この頃です／春の訪れが待ち遠しいこのごろでございます
3月 （弥生）	早春・浅春・春寒・ 春分・春暖	寒さもようやくゆるみ，日ましに春めいてまいりました／ひと雨ごとに春めいてまいりました／日増しに暖かさが加わってまいりました
4月 （卯月）	春暖・陽春・桜花・ 桜花爛漫	桜花爛漫の季節を迎えました／春光うららかな好季節となりました／花冷えとでも申しましょうか，何だか肌寒い日が続いております
5月 （皐月）	新緑・薫風・惜春・ 晩春・立夏・若葉	風薫るさわやかな季節を迎えました／木々の緑が目にまぶしいようでございます／目に青葉，山ほととぎす，初鰹の句も思い出される季節となりました
6月 （水無月）	梅雨・向暑・初夏・ 薄暑・麦秋	初夏の風もさわやかな毎日でございます／梅雨前線が近づいてまいりました／梅雨の晴れ間にのぞく青空は，まさに夏を思わせるようです
7月 （文月）	盛夏・大暑・炎暑・ 酷暑・猛暑	梅雨が明けたとたん，うだるような暑さが続いております／長い梅雨も明け，いよいよ本格的な夏がやってまいりました／風鈴の音がわずかに涼を運んでくれているようです
8月 （葉月）	残暑・晩夏・処暑・ 秋暑	立秋とはほんとうに名ばかりの厳しい暑さの毎日です／残暑たえがたい毎日でございます／朝夕はいくらかしのぎやすくなってまいりました
9月 （長月）	初秋・新秋・爽秋・ 新涼・清涼	九月に入りましてもなお，日差しの強い毎日です／暑さもやっとおとろえはじめたようでございます／残暑も去り，ずいぶんとしのぎやすくなってまいりました
10月 （神無月）	清秋・錦秋・秋涼・ 秋冷・寒露	秋風もさわやかな過ごしやすい季節となりました／街路樹の葉も日ごとに色を増しております／紅葉の便りの聞かれるころとなりました／秋深く，日増しに冷気も加わってまいりました
11月 （霜月）	晩秋・暮秋・霜降・ 初霜・向寒	立冬を迎え，まさに冬到来を感じる寒さです／木枯らしの季節になりました／日ごとに冷気が増すようでございます／朝夕はひときわ冷え込むようになりました
12月 （師走）	寒冷・初冬・師走・ 歳晩	師走を迎え，何かと慌ただしい日々をお過ごしのことと存じます／年の瀬も押しつまり，何かとお忙しくお過ごしのことと存じます／今年も残すところわずかとなりました，お忙しい毎日とお察しいたします

シチュエーション別会話例

シチュエーション1　　取引先との会話

「非常に素晴らしいお話で感心しました」→NG！

「感心する」は相手の立派な行為や，優れた技量などに心を動かされるという意味。意味としては間違いではないが，目上の人に用いると，偉そうに聞こえかねない表現。「感動しました」などに言い換えるほうが好ましい。

シチュエーション2　　子どもとの会話

「お母さんは，明日はいますか？」→NG！

たとえ子どもとの会話でも，子どもの年齢によっては，ある程度の敬語を使うほうが好ましい。「明日はいらっしゃいますか」では，むずかしすぎると感じるならば，「お出かけですか」などと表現することもできる。

シチュエーション3　　同僚との会話

「今，お暇ですか」→NG？

同じ立場同士なので，暇に「お」が付いた形で「お暇」ぐらいでも構わないともいえるが，「暇」というのは，するべきことも何もない時間という意味。そのため「お暇ですか」では，あまりにも直接的になってしまう。その意味では「手が空いている」→「空いていらっしゃる」→「お手透き」などに言い換えることで，やわらかく敬意も含んだ表現になる。

シチュエーション4　　上司との会話

「なるほどですね」→NG！

「なるほど」とは，相手の言葉を受けて，自分も同意見であることを表すため，相手の言葉・意見を自分が評価するというニュアンスも含まれている。そのため自分が評価して述べているという偉そうな表現にもなりかねない。同じ同意ならば，頷き「おっしゃる通りです」などの言葉のほうが誤解なく伝わる。

就活スケジュールシート

■年間スケジュールシート

1月	2月	3月	4月	5月	6月
企業関連スケジュール					
自己の行動計画					

就職活動をすすめるうえで，当然重要になってくるのは，自己のスケジュール管理だ。企業の選考スケジュールを把握することも大切だが，自分のペースで進めることになる自己分析や業界・企業研究，面接試験のトレーニング等の計画を立てることも忘れてはいけない。スケジュールシートに「記入」する作業を通して，短期・長期の両方の面から就職試験を考えるきっかけにしよう。

7月	8月	9月	10月	11月	12月
企業関連スケジュール					
自己の行動計画					

第 **4** 章

SPI対策

ほとんどの企業では，基本的な資質や能力を見極める
ため適性検査を実施しており，現在最も使われている
のがリクルートが開発した「SPI」である。

テストの内容は，「言語能力」「非言語能力」「性格」
の3つに分かれている。その人がどんな人物で，どん
な仕事で力を発揮しやすいのか，また，どんな組織に
なじみやすいかなどを把握するために行われる。

この章では，SPIの「言語能力」及び「非言語能力」の
分野で，頻出内容を絞って，演習問題を構成している。
演習問題に複数回チャレンジし，解説をしっかりと熟
読して，学習効果を高めよう。

SPI 対策

●SPIとは

　SPIは，Synthetic Personality Inventoryの略称で，株式会社リクルートが開発・販売を行っている就職採用向けのテストである。昭和49年から提供が始まり，平成14年と平成25年の2回改訂が行われ，現在はSPI3が最新になる。

　SPIは，応募者の仕事に対する適性，職業の適性能力，興味や関心を見極めるのに適しており，現在の就職採用テストでは主流となっている。

　SPIは，「知的能力検査」と「性格検査」の2領域にわけて測定され，知的能力検査は「言語能力検査（国語）」と「非言語能力検査（数学）」に分かれている。オプション検査として，「英語（ENG）検査」を実施することもある。性格適性検査では，性格を細かく分析するために，非常に多くの質問が出される。SPIの性格適性検査では，正式な回答はなく，全ての質問に正直に答えることが重要である。

　本章では，その中から，「言語能力検査」と「非言語能力検査」に絞って収録している。

●SPIを利用する企業の目的

①：志望者から人数を絞る

　一部上場企業にもなると，数万単位の希望者が応募してくる。基本的な資質能力や会社への適性能力を見極めるため，SPIを使って，人数の絞り込みを行う。

②：知的能力を見極める

　SPIは，応募者1人1人の基本的な知的能力を比較することができ，それによって，受検者の相対的な知的能力を見極めることが可能になる。

③：性格をチェックする

　その職種に対する適性があるが，300程度の簡単な質問によって発想力やパーソナリティを見ていく。性格検査なので，正解というものはなく，正直に回答していくことが重要である。

●SPIの受検形式

　SPIは，企業の会社説明会や会場で実施される「ペーパーテスト形式」と，パソコンを使った「テストセンター形式」とがある。

　近年，ペーパーテスト形式は減少しており，ほとんどの企業が，パソコンを使ったテストセンター形式を採用している。志望する企業がどのようなテストを採用しているか，早めに確認し，対策を立てておくこと。

●SPIの出題形式

　SPIは，言語分野，非言語分野，英語（ENG），性格適性検査に出題形式が分かれている。

科目	出題範囲・内容
言語分野	二語の関係，語句の意味，語句の用法，文の並び換え，空欄補充，熟語の成り立ち，文節の並び換え，長文読解　等
非言語分野	推論，場合の数，確率，集合，損益算，速度算，表の読み取り，資料の読み取り，長文読み取り　等
英語（ENG）	同意語，反意語，空欄補充，英英辞書，誤文訂正，和文英訳，長文読解　等
性格適性検査	質問：300問程度　時間：約35分

●受検対策

　本章では，出題が予想される問題を厳選して収録している。問題と解答だけではなく，詳細な解説も収録しているので，分からないところは複数回問題を解いてみよう。

言語分野

同音異義語

●あいせき
哀惜　死を悲しみ惜しむこと
愛惜　惜しみ大切にすること
●いぎ
意義　意味・内容・価値
異議　他人と違う意見
威儀　いかめしい挙動
異義　異なった意味
●いし
意志　何かをする積極的な気持ち
意思　しようとする思い・考え
●いどう
異同　異なり・違い・差
移動　場所を移ること
異動　地位・勤務の変更
●かいこ
懐古　昔を懐かしく思うこと
回顧　過去を振り返ること
解雇　仕事を辞めさせること
●かいてい
改訂　内容を改め直すこと
改定　改めて定めること
●かんしん
関心　気にかかること
感心　心に強く感じること
歓心　嬉しいと思う心

寒心　肝を冷やすこと
●きてい
規定　規則・定め
規程　官公庁などの規則
●けんとう
見当　だいたいの推測・判断・
　　　めあて
検討　調べ究めること
●こうてい
工程　作業の順序
行程　距離・みちのり
●じき
直　　すぐに
時期　時・折り・季節
時季　季節・時節
時機　適切な機会
●しゅし
趣旨　趣意・理由・目的
主旨　中心的な意味
●たいけい
体型　人の体格
体形　人や動物の形態
体系　ある原理に基づき個々のも
　　　のを統一したもの
大系　系統立ててまとめた叢書
●たいしょう

対象　行為や活動が向けられる相手

対称　対応する位置にあること

対照　他のものと照らし合わせること

●たんせい

端正　人の行状が正しくきちんとしているさま

端整　人の容姿が整っているさま

●はんざつ

繁雑　ごたごたと込み入ること

煩雑　煩わしく込み入ること

●ほしょう

保障　保護して守ること

保証　確かだと請け合うこと

補償　損害を補い償うこと

●むち

無知　知識・学問がないこと

無恥　恥を知らないこと

●ようけん

要件　必要なこと

用件　なすべき仕事

同訓漢字

●あう

合う…好みに合う。答えが合う。

会う…客人と会う。立ち会う。

遭う…事故に遭う。盗難に遭う。

●あげる

上げる…プレゼントを上げる。効果を上げる。

挙げる…手を挙げる。全力を挙げる。

揚げる…凧を揚げる。てんぷらを揚げる。

●あつい

暑い…夏は暑い。暑い部屋。

熱い…熱いお湯。熱い視線を送る。

厚い…厚い紙。面の皮が厚い。

篤い…志の篤い人。篤い信仰。

●うつす

写す…写真を写す。文章を写す。

映す…映画をスクリーンに映す。鏡に姿を映す。

●おかす

冒す…危険を冒す。病に冒された人。

犯す…犯罪を犯す。法律を犯す。

侵す…領空を侵す。プライバシーを侵す。

●おさめる

治める…領地を治める。水を治める。

収める…利益を収める。争いを収める。

修める…学問を修める。身を修める。

納める…税金を納める。品物を納める。

●かえる

変える…世界を変える。性格を変える。

代える…役割を代える。背に腹は代えられぬ。

替える…円をドルに替える。服を
　　替える。

●きく

聞く…うわさ話を聞く。明日の天
　　気を聞く。

聴く…音楽を聴く。講義を聴く。

●しめる

閉める…門を閉める。ドアを閉め
　　る。

締める…ネクタイを締める。気を
　　引き締める。

絞める…首を絞める。絞め技をか
　　ける。

●すすめる

進める…足を進める。話を進める。

勧める…縁談を勧める。加入を勧
　　める。

薦める…生徒会長に薦める。

●つく

付く…傷が付いた眼鏡。気が付く。

着く…待ち合わせ場所の公園に着
　　く。地に足が着く。

就く…仕事に就く。外野の守備に
　　就く。

●つとめる

務める…日本代表を務める。主役
　　を務める。

努める…問題解決に努める。療養
　　に努める。

勤める…大学に勤める。会社に勤
　　める。

●のぞむ

望む…自分の望んだ夢を追いかけ
　　る。

臨む…記者会見に臨む。決勝に臨
　　む。

●はかる

計る…時間を計る。将来を計る。

測る…飛行距離を測る。水深を測
　　る。

●みる

見る…月を見る。ライオンを見る。

診る…患者を診る。脈を診る。

演習問題

1　カタカナで記した部分の漢字として適切なものはどれか。

1　手続きがハンザツだ　　　　　【汎雑】

2　誤りをカンカすることはできない　【観過】

3　ゲキヤクなので取扱いに注意する　【激薬】

4　クジュウに満ちた選択だった　　【苦重】

5　キセイの基準に従う　　　　　【既成】

2 下線部の漢字として適切なものはどれか。

家で飼っている熱帯魚を<u>かんしょう</u>する。

1　干渉
2　観賞
3　感傷
4　勧奨
5　鑑賞

3 下線部の漢字として適切なものはどれか。

彼に責任を<u>ついきゅう</u>する。

1　追窮
2　追究
3　追給
4　追求
5　追及

4 下線部の語句について，両方とも正しい表記をしているものはどれか。

1　私と母とは<u>相生</u>がいい。　・この歌を<u>愛唱</u>している。
2　それは<u>規成</u>の事実である。　・<u>既製品</u>を買ってくる。
3　同音<u>異義語</u>を見つける。　・会議で<u>意義</u>を申し立てる。
4　選挙の<u>大勢</u>が決まる。　・作曲家として<u>大成</u>する。
5　<u>無常</u>の喜びを味わう。　・<u>無情</u>にも雨が降る。

5 下線部の漢字として適切なものはどれか。

彼の体調は<u>かいほう</u>に向かっている。

1　介抱
2　快方
3　解放
4　回報
5　開放

1 5

解説 1 「煩雑」が正しい。「汎」は「汎用(はんよう)」などと使う。
2 「看過」が正しい。「観」は「観光」や「観察」などと使う。 3 「劇薬」
が正しい。「少量の使用であってもはげしい作用のするもの」という意味
であるが「激」を使わないことに注意する。 4 「苦渋」が正しい。苦し
み悩むという意味で，「苦悩」と同意であると考えてよい。 5 「既成概
念」などと使う場合もある。同音で「既製」という言葉があるが，これは
「既製服」や「既製品」という言葉で用いる。

2 2

解説 同音異義語や同訓異字の問題は，その漢字を知っているだけで
は対処できない。「植物や魚などの美しいものを見て楽しむ」場合は「観
賞」を用いる。なお，「芸術作品」に関する場合は「鑑賞」を用いる。

3 5

解説 「ついきゅう」は，特に「追究」「追求」「追及」が頻出である。「追
究」は「あることについて徹底的に明らかにしようとすること」，「追求」
は「あるものを手に入れようとすること」，「追及」は「後から厳しく調べ
ること」という意味である。ここでは，「責任」という言葉の後にあるので，
「厳しく」という意味が含まれている「追及」が適切である。

4 4

解説 1の「相生」は「相性」，2の「規成」は「既成」，3の「意議」は「異
議」，5の「無常」は「無上」が正しい。

5 2

解説 「快方」は「よい方向に向かっている」という意味である。なお，
1は病気の人の世話をすること，3は束縛を解いて自由にすること，4は
複数人で回し読む文書，5は出入り自由として開け放つ，の意味。

四字熟語

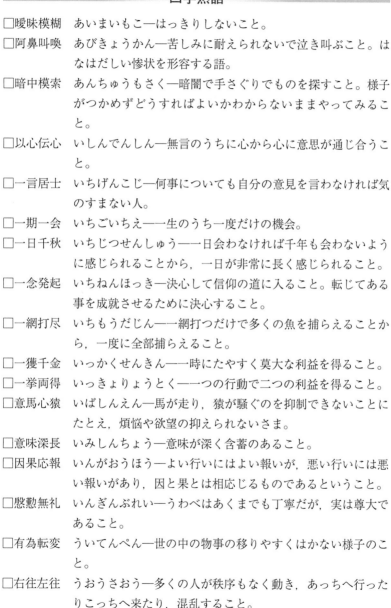

□曖昧模糊　あいまいもこ―はっきりしないこと。

□阿鼻叫喚　あびきょうかん―苦しみに耐えられないで泣き叫ぶこと。はなはだしい惨状を形容する語。

□暗中模索　あんちゅうもさく―暗闇で手さぐりでものを探すこと。様子がつかめずどうすればよいかわからないままやってみること。

□以心伝心　いしんでんしん―無言のうちに心から心に意思が通じ合うこと。

□一言居士　いちげんこじ―何事についても自分の意見を言わなければ気のすまない人。

□一期一会　いちごいちえ―一生のうち一度だけの機会。

□一日千秋　いちじつせんしゅう―一日会わなければ千年も会わないように感じられることから，一日が非常に長く感じられること。

□一念発起　いちねんほっき―決心して信仰の道に入ること。転じてある事を成就させるために決心すること。

□一網打尽　いちもうだじん―一網打つだけで多くの魚を捕らえることから，一度に全部捕らえること。

□一獲千金　いっかくせんきん―一時にたやすく莫大な利益を得ること。

□一挙両得　いっきょりょうとく―一つの行動で二つの利益を得ること。

□意馬心猿　いばしんえん―馬が走り，猿が騒ぐのを抑制できないことにたとえ，煩悩や欲望の抑えられないさま。

□意味深長　いみしんちょう―意味が深く含蓄のあること。

□因果応報　いんがおうほう―よい行いにはよい報いが，悪い行いには悪い報いがあり，因と果とは相応じるものであるということ。

□慇懃無礼　いんぎんぶれい―うわべはあくまでも丁寧だが，実は尊大であること。

□有為転変　ういてんぺん―世の中の物事の移りやすくはかない様子のこと。

□右往左往　うおうさおう―多くの人が秩序もなく動き，あっちへ行ったりこっちへ来たり，混乱すること。

□右顧左眄　うこさべん―右を見たり，左を見たり，周囲の様子ばかりうかがっていて決断しないこと。

□有象無象　うぞうむぞう―世の中の無形有形の一切のもの。たくさん集まったつまらない人々。

□海千山千　うみせんやません―経験を積み，その世界の裏まで知り抜いている老獪な人。

□紆余曲折　うよきょくせつ―まがりくねっていること。事情が込み入って，状況がいろいろ変化すること。

□雲散霧消　うんさんむしょう―雲や霧が消えるように，あとかたもなく消えること。

□栄枯盛衰　えいこせいすい―草木が繁り，枯れていくように，盛んになったり衰えたりすること。世の中の浮き沈みのこと。

□栄耀栄華　えいようえいが―権力や富貴をきわめ，おごりたかぶること。

□会者定離　えしゃじょうり―会う者は必ず離れる運命をもつということ。人生の無常を説いたことば。

□岡目八目　おかめはちもく―局外に立ち，第三者の立場で物事を観察すると，その是非や損失がよくわかるということ。

□温故知新　おんこちしん―古い事柄を究め新しい知識や見解を得ること。

□臥薪嘗胆　がしんしょうたん―たきぎの中に寝，きもをなめる意で，目的を達成するのために苦心，苦労を重ねること。

□花鳥風月　かちょうふうげつ―自然界の美しい風景，風雅のこころ。

□我田引水　がでんいんすい―自分の利益となるように発言したり行動したりすること。

□画竜点睛　がりょうてんせい―竜を描いて最後にひとみを描き加えたところ，天に上ったという故事から，物事を完成させるために最後に付け加える大切な仕上げ。

□夏炉冬扇　かろとうせん―夏の火鉢，冬の扇のようにその場に必要のない事物。

□危急存亡　ききゅうそんぼう―危機が迫ってこのまま生き残れるか滅びるかの瀬戸際。

□疑心暗鬼　ぎしんあんき―心の疑いが妄想を引き起こして実際にはいない鬼の姿が見えるようになることから，疑心が起こると何で

もないことまで恐ろしくなること。

□玉石混交　ぎょくせきこんこう―すぐれたものとそうでないものが入り混じっていること。

□荒唐無稽　こうとうむけい―言葉や考えによりどころがなく，とりとめもないこと。

□五里霧中　ごりむちゅう―迷って考えの定まらないこと。

□針小棒大　しんしょうぼうだい―物事を大袈裟にいうこと。

□大同小異　だいどうしょうい―細部は異なっているが総体的には同じであること。

□馬耳東風　ばじとうふう―人の意見や批評を全く気にかけず聞き流すこと。

□波瀾万丈　はらんばんじょう―さまざまな事件が次々と起き，変化に富むこと。

□付和雷同　ふわらいどう――一定の見識がなくただ人の説にわけもなく賛同すること。

□粉骨砕身　ふんこつさいしん―力の限り努力すること。

□羊頭狗肉　ようとうくにく―外見は立派だが内容がともなわないこと。

□竜頭蛇尾　りゅうとうだび―初めは勢いがさかんだが最後はふるわないこと。

□臨機応変　りんきおうへん―時と場所に応じて適当な処置をとること。

演習問題

1 「海千山千」の意味として適切なものはどれか。
1　様々な経験を積み，世間の表裏を知り尽くしてずる賢いこと
2　今までに例がなく，これからもあり得ないような非常に珍しいこと
3　人をだまし丸め込む手段や技巧のこと
4　一人で千人の敵を相手にできるほど強いこと
5　広くて果てしないこと

2 四字熟語として適切なものはどれか。
1 竜頭堕尾
2 沈思黙考
3 孟母断危
4 理路正然
5 猪突猛伸

3 四字熟語の漢字の使い方がすべて正しいものはどれか。
1 純真無垢　　青天白日　　疑心暗鬼
2 短刀直入　　自我自賛　　危機一髪
3 厚顔無知　　思考錯誤　　言語同断
4 異句同音　　一鳥一石　　好機当来
5 意味深長　　興味深々　　五里霧中

4 「一蓮托生」の意味として適切なものはどれか。
1 一味の者を一度で全部つかまえること。
2 物事が順調に進行すること。
3 ほかの事に注意をそらさず，一つの事に心を集中させているさま。
4 善くても悪くても行動・運命をともにすること。
5 妥当なものはない。

5 故事成語の意味で適切なものはどれか。
「塞翁(さいおう)が馬」
1 たいして差がない
2 幸不幸は予測できない
3 肝心なものが欠けている
4 実行してみれば意外と簡単
5 努力がすべてむだに終わる

1 1

解説 2は「空前絶後」，3は「手練手管」，4は「一騎当千」，5は「広大無辺」である。

2 2

解説 2の沈思黙考は，「思いにしずむこと。深く考えこむこと。」の意味である。なお，1は竜頭蛇尾(始めは勢いが盛んでも，終わりにはふるわないこと)，3は孟母断機(孟子の母が織りかけの織布を断って，学問を中途でやめれば，この断機と同じであると戒めた譬え)，4は理路整然(話や議論の筋道が整っていること)，5は猪突猛進(いのししのように向こう見ずに一直線に進むこと)が正しい。

3 1

解説 2は「単刀直入」「自画自賛」，3は「厚顔無恥」「試行錯誤」「言語道断」，4は「異口同音」「一朝一夕」「好機到来」，5は「興味津々」が正しい。四字熟語の意味を理解する際，どのような字で書かれているかを意識するとよい。

4 4

解説 「一蓮托生」は，よい行いをした者は天国に行き，同じ蓮の花の上に生まれ変わるという仏教の教えから，「(ことの善悪にかかわらず)仲間として行動や運命をともにすること」をいう。

5 2

解説 「塞翁が馬」は「人間万事塞翁が馬」と表す場合もある。1は「五十歩百歩」，3は「画竜点睛に欠く」，4は「案ずるより産むが易し」，5は「水泡に帰する」の故事成語の意味である。

非言語分野

演習問題

$\boxed{1}$ 分数 $\dfrac{30}{7}$ を小数で表したとき，小数第100位の数字として正しいものはどれか。

　1　1　　2　2　　3　4　　4　5　　5　7

$\boxed{2}$ $x=\sqrt{2}-1$ のとき，$x+\dfrac{1}{x}$ の値として正しいものはどれか。

　1　$2\sqrt{2}$　　2　$2\sqrt{2}-2$　　3　$2\sqrt{2}-1$　　4　$3\sqrt{2}-3$
　5　$3\sqrt{2}-2$

$\boxed{3}$ 360の約数の総和として正しいものはどれか。

　1　1060　　2　1170　　3　1250　　4　1280　　5　1360

$\boxed{4}$ $\dfrac{x}{2}=\dfrac{y}{3}=\dfrac{z}{5}$ のとき，$\dfrac{x-y+z}{3x+y-z}$ の値として正しいものはどれか。

　1　-2　　2　-1　　3　$\dfrac{1}{2}$　　4　1　　5　$\dfrac{3}{2}$

$\boxed{5}$ $\dfrac{\sqrt{2}}{\sqrt{2}-1}$ の整数部分を a，小数部分を b とするとき，$a \times b$ の値として正しいものは次のうちどれか。

　1　$\sqrt{2}$　　2　$2\sqrt{2}-2$　　3　$2\sqrt{2}-1$　　4　$3\sqrt{2}-3$
　5　$3\sqrt{2}-2$

$\boxed{6}$ $x=\sqrt{5}+\sqrt{2}$，$y=\sqrt{5}-\sqrt{2}$ のとき，x^2+xy+y^2 の値として正しいものはどれか。

　1　15　　2　16　　3　17　　4　18　　5　19

7 $\dfrac{\sqrt{2}}{\sqrt{2}-1}$ の整数部分をa, 小数部分をbとするとき, b^2 の値として正しいものはどれか。

   1 $2-\sqrt{2}$ 2 $1+\sqrt{2}$ 3 $2+\sqrt{2}$ 4 $3+\sqrt{2}$

   5 $3-2\sqrt{2}$

8 ある中学校の生徒全員のうち, 男子の7.5%, 女子の6.4%を合わせて37人がバドミントン部員であり, 男子の2.5%, 女子の7.2%を合わせて25人が吹奏楽部員である。この中学校の女子全員の人数は何人か。

   1 246人   2 248人   3 250人   4 252人   5 254人

9 連続した3つの正の偶数がある。その小さい方2数の2乗の和は, 一番大きい数の2乗に等しいという。この3つの数のうち, 最も大きい数として正しいものはどれか。

   1 6   2 8   3 10   4 12   5 14

○○○解答・解説○○○

1 5

解説 実際に30を7で割ってみると,

$\dfrac{30}{7}=4.28571428571\cdots\cdots$ となり, 小数点以下は, 6つの数字 "285714" が繰り返されることがわかる。$100\div6=16$余り4だから, 小数第100位は, "285714" のうちの4つ目の "7" である。

2 1

解説 $x=\sqrt{2}-1$を$x+\dfrac{1}{x}$に代入すると,

$x+\dfrac{1}{x}=\sqrt{2}-1+\dfrac{1}{\sqrt{2}-1}=\sqrt{2}-1+\dfrac{\sqrt{2}+1}{(\sqrt{2}-1)(\sqrt{2}+1)}$

$=\sqrt{2}-1+\dfrac{\sqrt{2}+1}{2-1}$

$=\sqrt{2}-1+\sqrt{2}+1=2\sqrt{2}$

$\boxed{3}$ 2

解説 360を素因数分解すると，$360 = 2^3 \times 3^2 \times 5$ であるから，約数の総和は $(1 + 2 + 2^2 + 2^3)(1 + 3 + 3^2)(1 + 5) = (1 + 2 + 4 + 8)(1 + 3 + 9)(1 + 5) = 15 \times 13 \times 6 = 1170$ である。

$\boxed{4}$ 4

解説 $\dfrac{x}{2} = \dfrac{y}{3} = \dfrac{z}{5} = A$ とおく。

$x = 2A$，$y = 3A$，$z = 5A$ となるから，

$x - y + z = 2A - 3A + 5A = 4A$，$3x + y - z = 6A + 3A - 5A = 4A$

したがって，$\dfrac{x - y + z}{3x + y - z} = \dfrac{4A}{4A} = 1$ である。

$\boxed{5}$ 4

解説 分母を有理化する。

$$\dfrac{\sqrt{2}}{\sqrt{2} - 1} = \dfrac{\sqrt{2}(\sqrt{2} + 1)}{(\sqrt{2} - 1)(\sqrt{2} + 1)} = \dfrac{2 + \sqrt{2}}{2 - 1} = 2 + \sqrt{2} = 2 + 1.414\cdots = 3.414\cdots$$

であるから，$a = 3$ であり，$b = (2 + \sqrt{2}) - 3 = \sqrt{2} - 1$ となる。

したがって，$a \times b = 3(\sqrt{2} - 1) = 3\sqrt{2} - 3$

$\boxed{6}$ 3

解説 $(x + y)^2 = x^2 + 2xy + y^2$ であるから，

$x^2 + xy + y^2 = (x + y)^2 - xy$ と表せる。

ここで，$x + y = (\sqrt{5} + \sqrt{2}) + (\sqrt{5} - \sqrt{2}) = 2\sqrt{5}$，

$xy = (\sqrt{5} + \sqrt{2})(\sqrt{5} - \sqrt{2}) = 5 - 2 = 3$

であるから，求める $(x + y)^2 - xy = (2\sqrt{5})^2 - 3 = 20 - 3 = 17$

$\boxed{7}$ 5

解説 分母を有理化すると，

$$\dfrac{\sqrt{2}}{\sqrt{2} - 1} = \dfrac{\sqrt{2}(\sqrt{2} + 1)}{(\sqrt{2} - 1)(\sqrt{2} + 1)} = \dfrac{2 + \sqrt{2}}{2 - 1} = 2 + \sqrt{2}$$

$\sqrt{2} = 1.4142\cdots\cdots$ であるから，$2 + \sqrt{2} = 2 + 1.4142\cdots\cdots = 3.14142\cdots\cdots$

したがって，$a = 3$，$b = 2 + \sqrt{2} - 3 = \sqrt{2} - 1$ といえる。

したがって，$b^2 = (\sqrt{2} - 1)^2 = 2 - 2\sqrt{2} + 1 = 3 - 2\sqrt{2}$ である。

[8] 3

解説 男子全員の人数を x，女子全員の人数を y とする。

$0.075x + 0.064y = 37 \cdots ①$

$0.025x + 0.072y = 25 \cdots ②$

①－②×3 より

$$\begin{cases} 0.075x + 0.064y = 37 \cdots ① \\ 0.075x + 0.216y = 75 \cdots ②' \end{cases}$$

$-) \hphantom{xxxxxxx}$

$\overline{\hphantom{xxxxxxx} -0.152y = -38}$

$\therefore \quad 152y = 38000 \quad \therefore \quad y = 250 \quad x = 280$

よって，女子全員の人数は250人。

[9] 3

解説 3つのうちの一番小さいものを $x(x>0)$ とすると，連続した3つの正の偶数は，x, $x+2$, $x+4$ であるから，与えられた条件より，次の式が成り立つ。$x^2+(x+2)^2=(x+4)^2$　かっこを取って，$x^2+x^2+4x+4=x^2+8x+16$　整理して，$x^2-4x-12=0$　よって，$(x+2)(x-6)=0$　よって，$x=-2, 6$　　$x>0$ だから，$x=6$ である。したがって，3つの偶数は，6, 8, 10である。このうち最も大きいものは，10である。

演習問題

1 家から駅までの道のりは30kmである。この道のりを，初めは時速5km，途中から，時速4kmで歩いたら，所要時間は7時間であった。時速5kmで歩いた道のりとして正しいものはどれか。

   1 8km   2 10km   3 12km   4 14km   5 15km

2 横の長さが縦の長さの2倍である長方形の厚紙がある。この厚紙の四すみから，一辺の長さが4cmの正方形を切り取って，折り曲げ，ふたのない直方体の容器を作る。その容積が64cm³のとき，もとの厚紙の縦の長さとして正しいものはどれか。

   1 $6-2\sqrt{3}$ 2 $6-\sqrt{3}$ 3 $6+\sqrt{3}$ 4 $6+2\sqrt{3}$
   5 $6+3\sqrt{3}$

3 縦50m，横60mの長方形の土地がある。この土地に，図のような直角に交わる同じ幅の通路を作る。通路の面積を土地全体の面積の$\frac{1}{3}$以下にするには，通路の幅を何m以下にすればよいか。

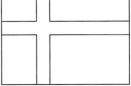

   1 8m   2 8.5m   3 9m   4 10m
   5 10.5m

4 下の図のような，曲線部分が半円で，1周の長さが240mのトラックを作る。中央の長方形ABCDの部分の面積を最大にするには，直線部分ADの長さを何mにすればよいか。次から選べ。

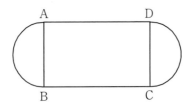

   1 56m   2 58m   3 60m   4 62m   5 64m

5 AとBの2つのタンクがあり，Aには8m³，Bには5m³の水が入っている。Aには毎分1.2m³，Bには毎分0.5m³ずつの割合で同時に水を入れ始めると，Aの水の量がBの水の量の2倍以上になるのは何分後からか。正しいものはどれか。

  1 8分後　　2 9分後　　3 10分後　　4 11分後　　5 12分後

○○○解答・解説○○○

1 2

解説　時速5kmで歩いた道のりを$x$kmとすると，時速4kmで歩いた道のりは，$(30-x)$kmであり，時間＝距離÷速さ　であるから，次の式が成り立つ。

$$\frac{x}{5}+\frac{30-x}{4}=7$$

両辺に20をかけて，$4x+5(30-x)=7\times20$

整理して，$4x+150-5x=140$

よって，$x=10$ である。

2 4

解説　厚紙の縦の長さを$x$cmとすると，横の長さは$2x$cmである。また，このとき，容器の底面は，縦$(x-8)$cm，横$(2x-8)$cmの長方形で，容器の高さは4cmである。

厚紙の縦，横，及び，容器の縦，横の長さは正の数であるから，

$x>0,\ x-8>0,\ 2x-8>0$

すなわち，$x>8$……①

容器の容積が64cm³であるから，

$4(x-8)(2x-8)=64$となり，

$(x-8)(2x-8)=16$

これより，$(x-8)(x-4)=8$

$x^2-12x+32=8$となり，$x^2-12x+24=0$

よって，$x=6\pm\sqrt{6^2-24}=6\pm\sqrt{12}=6\pm2\sqrt{3}$

このうち①を満たすものは，$x=6+2\sqrt{3}$

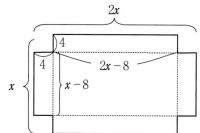

3 4

解説 通路の幅をxmとすると，$0<x<50$……①
また，$50x+60x-x^2\leqq1000$
よって，$(x-10)(x-100)\geqq0$
したがって，$x\leqq10$，$100\leqq x$……②
①②より，$0<x\leqq10$　つまり，10m以下。

4 3

解説 直線部分ADの長さをxmとおくと，$0<2x<240$より，
xのとる値の範囲は，$0<x<120$である。

半円の半径をrmとおくと，
$2\pi r=240-2x$より，
$$r=\frac{120}{\pi}-\frac{x}{\pi}=\frac{1}{\pi}(120-x)$$
長方形ABCDの面積をym²とすると，

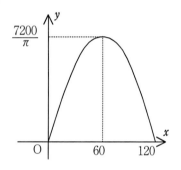

$$y=2r\cdot x=2\cdot\frac{1}{\pi}(120-x)x$$
$$=-\frac{2}{\pi}(x^2-120x)$$
$$=-\frac{2}{\pi}(x-60)^2+\frac{7200}{\pi}$$

この関数のグラフは，図のようになる。yは$x=60$のとき最大となる。

5 3

解説 x分後から2倍以上になるとすると，題意より次の不等式が成り
立つ。
$$8+1.2x\geqq2(5+0.5x)$$
かっこをはずして，$8+1.2x\geqq10+x$
整理して，$0.2x\geqq2$　よって，$x\geqq10$
つまり10分後から2倍以上になる。

組み合わせ・確率

演習問題

1 1個のさいころを続けて3回投げるとき，目の和が偶数になるような場合は何通りあるか。正しいものを選べ。

　1　106通り　　　2　108通り　　　3　110通り　　　4　112通り
　5　115通り

2 A，B，C，D，E，Fの6人が2人のグループを3つ作るとき，AとBが同じグループになる確率はどれか。正しいものを選べ。

　1　$\dfrac{1}{6}$　　2　$\dfrac{1}{5}$　　3　$\dfrac{1}{4}$　　4　$\dfrac{1}{3}$　　5　$\dfrac{1}{2}$

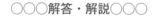

○○○解答・解説○○○

1 2

解説　和が偶数になるのは，3回とも偶数の場合と，偶数が1回で，残りの2回が奇数の場合である。さいころの目は，偶数と奇数はそれぞれ3個だから，

　(1)　3回とも偶数：$3 \times 3 \times 3 = 27$〔通り〕
　(2)　偶数が1回で，残りの2回が奇数
　　・偶数/奇数/奇数：$3 \times 3 \times 3 = 27$〔通り〕
　　・奇数/偶数/奇数：$3 \times 3 \times 3 = 27$〔通り〕
　　・奇数/奇数/偶数：$3 \times 3 \times 3 = 27$〔通り〕
したがって，合計すると，$27 + (27 \times 3) = 108$〔通り〕である。

2 2

解説　A，B，C，D，E，Fの6人が2人のグループを3つ作るときの，すべての作り方は$\dfrac{{}_6C_2 \times {}_4C_2}{3!} = 15$通り。このうち，AとBが同じグループになるグループの作り方は$\dfrac{{}_4C_2}{2!} = 3$通り。よって，求める確率は$\dfrac{3}{15} = \dfrac{1}{5}$である。

演習問題

1 次の図で，直方体 ABCD － EFGH の辺 AB，BC の中点をそれぞれ M，N とする。この直方体を 3 点 M，F，N を通る平面で切り，頂点 B を含むほうの立体をとりさる。AD ＝ DC ＝ 8cm，AE ＝ 6cm のとき，△MFN の面積として正しいものはどれか。

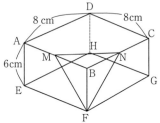

1 $3\sqrt{22}$ 〔cm²〕　　2 $4\sqrt{22}$ 〔cm²〕

3 $5\sqrt{22}$ 〔cm²〕　　4 $4\sqrt{26}$ 〔cm²〕

5 $4\sqrt{26}$ 〔cm²〕

2 右の図において，四角形 ABCD は円に内接しており，弧 BC ＝弧 CD である。AB，AD の延長と点 C におけるこの円の接線との交点をそれぞれ P，Q とする。AC ＝ 4cm，CD ＝ 2cm，DA ＝ 3cm とするとき，△BPC と△APQ の面積比として正しいものはどれか。

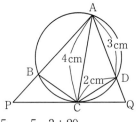

1 1：5　　2 1：6　　3 1：7　　4 2：15　　5 3：20

3 1辺の長さが15のひし形がある。その対角線の長さの差は6である。このひし形の面積として正しいものは次のどれか。

1 208　　2 210　　3 212　　4 214　　5 216

4 右の図において，円 C_1 の半径は2，円 C_2 の半径は5，2円の中心間の距離は $O_1O_2 ＝ 9$ である。2円の共通外接線 l と2円 C_1，C_2 との接点をそれぞれ A，B とするとき，線分 AB の長さとして正しいものは次のどれか。

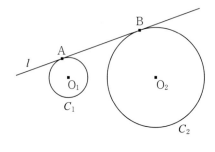

1 $3\sqrt{7}$　　2 8　　3 $6\sqrt{2}$　　4 $5\sqrt{3}$　　5 $4\sqrt{5}$

5 下の図において，点Eは，平行四辺形ABCDの辺BC上の点で，AB
＝AEである。また，点Fは，線分AE上の点で，∠AFD＝90°である。
∠ABE＝70°のとき，∠CDFの大きさとして正しいものはどれか。

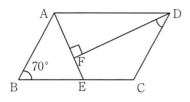

1 48°　　2 49°　　3 50°　　4 51°　　5 52°

6 底面の円の半径が4で，母線の長さが
12の直円すいがある。この円すいに内接
する球の半径として正しいものは次のど
れか。

1 $2\sqrt{2}$

2 3

3 $2\sqrt{3}$

4 $\dfrac{8}{3}\sqrt{2}$

5 $\dfrac{8}{3}\sqrt{3}$

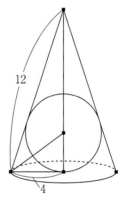

○○○解答・解説○○○

1 2

解説　△MFNはMF＝NFの二等辺三角形。MB＝$\dfrac{8}{2}$＝4，BF＝6より，
MF^2＝4^2＋6^2＝52
また，MN＝$4\sqrt{2}$
FからMNに垂線FTを引くと，△MFTで三平方の定理より，
FT^2＝MF^2－MT^2＝52－$\left(\dfrac{4\sqrt{2}}{2}\right)^2$＝52－8＝44
よって，FT＝$\sqrt{44}$＝$2\sqrt{11}$
したがって，△MFN＝$\dfrac{1}{2}$・$4\sqrt{2}$・$2\sqrt{11}$＝$4\sqrt{22}$〔cm^2〕

$\boxed{2}$ 3

解説 ∠PBC＝∠CDA，∠PCB＝∠BAC＝∠CADから，

△BPC∽△DCA

相似比は2：3，面積比は，4：9

また，△CQD∽△AQCで，相似比は1：2，面積比は1：4

したがって，△DCA：△AQC＝3：4

よって，△BPC：△DCA：△AQC＝4：9：12

さらに，△BPC∽△CPAで，相似比1：2，面積比1：4

よって，△BPC：△APQ＝4：(16＋12)＝4：28＝1：7

$\boxed{3}$ 5

解説 対角線のうちの短い方の長さの半分の長さをxとすると，長い方の対角線の長さの半分は，$(x+3)$と表せるから，三平方の定理より次の式がなりたつ。

$$x^2 + (x+3)^2 = 15^2$$

整理して，$2x^2 + 6x - 216 = 0$ よって，$x^2 + 3x - 108 = 0$

$(x-9)(x+12) = 0$ より，$x = 9, -12$ xは正だから，$x = 9$である。

したがって，求める面積は，$4 \times \dfrac{9 \times (9+3)}{2} = 216$

$\boxed{4}$ 5

解説 円の接線と半径より

$O_1A \perp l$，$O_2B \perp l$であるから，

点O_1から線分O_2Bに垂線O_1Hを

下ろすと，四角形AO_1HBは長方

形で，

HB＝O_1A＝2だから，

$O_2H = 3$

△O_1O_2Hで三平方の定理より，

$O_1H = \sqrt{9^2 - 3^2} = 6\sqrt{2}$

よって，AB＝$O_1H = 6\sqrt{2}$

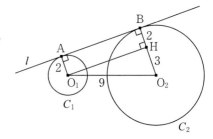

5 3

解説 ∠AEB = ∠ABE = 70°より，∠AEC = 180 − 70 = 110°
また，∠ABE + ∠ECD = 180°より，∠ECD = 110°
四角形FECDにおいて，四角形の内角の和は360°だから，
∠CDF = 360° − (90° + 110° + 110°) = 50°

6 1

解説 円すいの頂点をA，球の中心を
O，底面の円の中心をHとする。3点A，O，
Hを含む平面でこの立体を切断すると，
断面は図のような二等辺三角形とその内
接円であり，求めるものは内接円の半径
OHである。

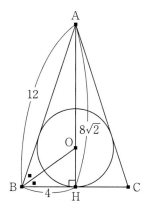

△ABHで三平方の定理より，
AH=$\sqrt{12^2 - 4^2} = 8\sqrt{2}$

Oは三角形ABCの内心だから，BO
は∠ABHの2等分線である。

よって，AO : OH = BA : BH = 3 : 1

OH = $\dfrac{1}{4}$AH = $2\sqrt{2}$

●情報提供のお願い●

　就職活動研究会では，就職活動に関する情報を募集しています。

　エントリーシートやグループディスカッション，面接，筆記試験の内容等について情報をお寄せください。ご応募はメールアドレス（edit@kyodo-s.jp）へお願いいたします。お送りくださいました方々には薄謝をさしあげます。

　ご協力よろしくお願いいたします。

会社別就活ハンドブックシリーズ

東京海上日動火災保険の
就活ハンドブック

編　者	就職活動研究会
発　行	令和 6 年 2 月 25 日
発行者	小貫輝雄
発行所	協同出版株式会社

〒 101－0054
東京都千代田区神田錦町 2－5
電話　03－3295－1341
振替　東京00190－4－94061

印刷所　協同出版・POD 工場

落丁・乱丁はお取り替えいたします

●2025年度版●
会社別就活ハンドブックシリーズ
【全111点】

運　輸

東日本旅客鉄道の就活ハンドブック

東海旅客鉄道の就活ハンドブック

西日本旅客鉄道の就活ハンドブック

東京地下鉄の就活ハンドブック

小田急電鉄の就活ハンドブック

阪急阪神 HD の就活ハンドブック

商船三井の就活ハンドブック

日本郵船の就活ハンドブック

機　械

三菱重工業の就活ハンドブック

川崎重工業の就活ハンドブック

IHI の就活ハンドブック

島津製作所の就活ハンドブック

浜松ホトニクスの就活ハンドブック

村田製作所の就活ハンドブック

クボタの就活ハンドブック

金　融

三菱 UFJ 銀行の就活ハンドブック

三菱 UFJ 信託銀行の就活ハンドブック

みずほ FG の就活ハンドブック

三井住友銀行の就活ハンドブック

三井住友信託銀行の就活ハンドブック

野村證券の就活ハンドブック

りそなグループの就活ハンドブック

ふくおか FG の就活ハンドブック

日本政策投資銀行の就活ハンドブック

建設・不動産

三菱地所の就活ハンドブック

三井不動産の就活ハンドブック

積水ハウスの就活ハンドブック

大和ハウス工業の就活ハンドブック

鹿島建設の就活ハンドブック

大成建設の就活ハンドブック

清水建設の就活ハンドブック

資源・素材

旭旭化成グループの就活ハンドブック

東レの就活ハンドブック

ワコールの就活ハンドブック

関西電力の就活ハンドブック

日本製鉄の就活ハンドブック

中部電力の就活ハンドブック

九州電力の就活ハンドブック

自動車

トヨタ自動車の就活ハンドブック

デンソーの就活ハンドブック

本田技研工業の就活ハンドブック

日産自動車の就活ハンドブック

商　社

三菱商事の就活ハンドブック

伊藤忠商事の就活ハンドブック

住友商事の就活ハンドブック

双日の就活ハンドブック

丸紅の就活ハンドブック

豊田通商の就活ハンドブック

三井物産の就活ハンドブック

情報通信・IT

NTT データの就活ハンドブック

サイバーエージェントの就活ハンドブック

NTT ドコモの就活ハンドブック

LINE ヤフーの就活ハンドブック

野村総合研究所の就活ハンドブック

SCSK の就活ハンドブック

日本電信電話の就活ハンドブック

富士ソフトの就活ハンドブック

KDDI の就活ハンドブック

日本オラクルの就活ハンドブック

ソフトバンクの就活ハンドブック

GMO インターネットグループ

楽天の就活ハンドブック

オービックの就活ハンドブック

mixi の就活ハンドブック

DTS の就活ハンドブック

グリーの就活ハンドブック

TIS の就活ハンドブック

食品・飲料

サントリー HD の就活ハンドブック

日本たばこ産業 の就活ハンドブック

味の素の就活ハンドブック

日清食品グループの就活ハンドブック

キリン HD の就活ハンドブック

山崎製パンの就活ハンドブック

アサヒグループ HD の就活ハンドブック

キユーピーの就活ハンドブック

生活用品

資生堂の就活ハンドブック

武田薬品工業の就活ハンドブック

花王の就活ハンドブック

電気機器

三菱電機の就活ハンドブック	パナソニックの就活ハンドブック
ダイキン工業の就活ハンドブック	富士通の就活ハンドブック
ソニーの就活ハンドブック	キヤノンの就活ハンドブック
日立製作所の就活ハンドブック	京セラの就活ハンドブック
ＮＥＣの就活ハンドブック	オムロンの就活ハンドブック
富士フイルム HD の就活ハンドブック	キーエンスの就活ハンドブック

保 険

東京海上日動火災保険の就活ハンドブック	三井住友海上火災保険の就活ハンドブック
第一生命ホールディングスの就活ハンドブック	損保ジャパンの就活ハンドブック

メディア

日本印刷の就活ハンドブック	エイベックスの就活ハンドブック
博報堂 DY の就活ハンドブック	東宝の就活ハンドブック
TOPPAN ホールディングスの就活ハンドブック	

流通・小売

ニトリ HD の就活ハンドブック	ZOZO の就活ハンドブック
イオンの就活ハンドブック	

エンタメ・レジャー

オリエンタルランドの就活ハンドブック	任天堂の就活ハンドブック
アシックスの就活ハンドブック	カプコンの就活ハンドブック
バンダイナムコ HD の就活ハンドブック	セガサミー HD の就活ハンドブック
コナミグループの就活ハンドブック	タカラトミーの就活ハンドブック
スクウェア・エニックス HD の就活ハンドブック	

▼会社別就活ハンドブックシリーズにつきましては，協同出版
のホームページからもご注文ができます。詳細は下記のサイ
トでご確認下さい。
https://kyodo-s.jp/examination_company